El Modelo COACH
PARA LÍDERES CRISTIANOS

El Modelo COACH

PARA LÍDERES CRISTIANOS

APTITUDES DE LIDERAZGO EFICACES PARA RESOLVER
PROBLEMAS, ALCANZAR OBJETIVOS Y DESARROLLAR A OTROS

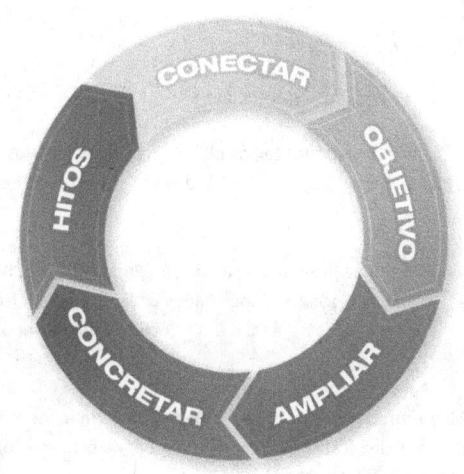

KEITH E. WEBB

PRÓLOGO DEL DR. GARY R. COLLINS Y FÉLIX ORTIZ

La misión de Editorial Vida es ser la compañía líder en satisfacer las necesidades de las personas con recursos cuyo contenido glorifique al Señor Jesucristo y promueva principios bíblicos.

EL MODELO COACH PARA LÍDERES CRISTIANOS
Edición en español publicada por
Editorial Vida – 2014
Miami, Florida

© 2014 por Keith E. Webb

Este título también está disponible en formato electrónico.

Originally published in the USA under the title:
   Coach Model
   Copyright © 2012 by Keith E. Webb
Published by permission of Zondervan, Grand Rapids, Michigan 49530.
All rights reserved
Further reproduction or distribution is prohibited.

Editora en Jefe: *Graciela Lelli*
Traducción: *Marga Llavador Martinez-Soria*
Edición: *Nahúm Saez*
Adaptación del diseño al español: *BookCoachLatino.com*

A menos que se indique lo contrario, todos los textos bíblicos han sido tomados de La Santa Biblia, Nueva Versión Internacional® NVI® © 1999 por Biblica, Inc.® Usados con permiso. Todos los derechos reservados mundialmente.

Citas bíblicas marcadas «RVR60» son de la Santa Biblia, Versión Reina-Valera 1960 © 1960 por Sociedades Bíblicas en América Latina, © renovado 1988 por Sociedades Bíblicas Unidas. Usadas con permiso. Reina-Valera 1960® es una marca registrada de la American Bible Society y puede ser usada solamente bajo licencia.

Esta publicación no podrá ser reproducida, grabada o transmitida de manera completa o parcial, en ningún formato o a través de ninguna forma electrónica, fotocopia u otro medio, excepto como citas breves, sin el consentimiento previo del publicador.

ISBN: 978-0-8297-6581-6

CATEGORÍA: Ministerio cristiano / Recursos Pastorales

IMPRESO EN ESTADOS UNIDOS DE AMÉRICA
PRINTED IN THE UNITED STATES OF AMERICA

14 15 16 17 18 RRD 6 5 4 3 2 1

A Benjamin y Jessica.

Contenido

Prólogo 9

Reconocimientos 11

Esquemas mentales del *coaching* 13
El sabelotodismo diagnosticado; cambios de manera de pensar; el Espíritu Santo; el precio del consejo

Aprender sin ser enseñado 23
La búsqueda; definición del coaching; el Espíritu Santo, el cuerpo de Cristo y el coaching; proceso frente a contenido; compartir las preguntas, no el contenido; aprender sin enseñar; ciclo de acción reflexión; el modelo COACH™

Conectar 41
La confianza se capta; ¿cuánta confianza se necesita?; cómo genera confianza el coaching; el poder de una conversación distendida; ¿cómo está?; seguimiento de los pasos prácticos; después de conectar viene el objetivo

Objetivo 51
¿Quién decide el objetivo?; ¿qué quieren?; estar en la misma onda; decidir el objetivo de la conversación; detallar el objetivo; preguntas aclaratorias; preguntas exploratorias; preguntas de enfoque; confirmar el objetivo; verificar el progreso durante la conversación

Ampliar 67
Caminos nuevos, perspectivas nuevas; información ≠ respuestas; el conocimiento es algo del pasado; preguntas potentes y perspectiva; cómo

hacer preguntas potentes; ¿el cliente o yo?; ¿hacia adelante o hacia atrás?; ¿construir o corregir?; pasar de nuestras ideas a las suyas; preguntas según «mi idea»; abramos las preguntas; hacer preguntas desde ángulos distintos; 25 ángulos; concienciación por medio del feedback; ampliar sin dar feedback; encontrar caminos nuevos

Concretar 91
Tras la reflexión…; el origen de los pasos prácticos; anatomía de un paso práctico; generar múltiples opciones; el poder de las pequeñas victorias; cada paso práctico se puede dividir; divide y vencerás; ejercer el coaching con los pasos prácticos; MARTE; convertir los pasos prácticos intangibles en tangibles; crear pasos prácticos desde distintos ángulos; ejemplos de pasos prácticos; el coaching de los pasos prácticos; conclusión

Hitos 117
Que sea memorable; terminar fuerte; simplificar la complejidad; resumir para edificar nuestro cerebro; averiguar lo que valora el cliente; preguntemos, no lo digamos; preguntar por los hitos; poner la siguiente cita en la agenda

Seguimiento 125
Un seguimiento seguro; la primera pregunta de seguimiento; ¿qué? Entonces ¿qué? Ahora ¿qué?; ¿qué?; entonces ¿qué?; ahora ¿qué?; todos necesitamos un pequeño fracaso de vez en cuando; cómo dar seguimiento a los pasos prácticos fallidos o incompletos; diseccionar el paso práctico; revisar el paso práctico; valorar el compromiso del cliente con el paso práctico; reformar el paso práctico; pasar al resultado de la conversación; conclusión

Ejercer el coaching 147
No ser un «coach» sino ejercer el coaching; ofrecerse para el coaching; cuando el coach tiene autoridad; coaching al momento; coaching más allá de las fronteras

Pasos siguientes 157
Aprender de libros; desarrollar esquemas mentales; formación adicional; preparados, listos, ya

Notas 163

Acerca del autor 167

Prólogo

Puesto que soy líder, una de mis preocupaciones más importantes ha sido siempre cómo poder ser más eficaz. Por eso, he sido constantemente un ávido lector de libros acerca de liderazgo y un asiduo asistente a seminarios orientados a la formación y capacitación de líderes.

Fue precisamente en uno de esos seminarios, celebrado en Estados Unidos en el año 2010, cuando por primera vez entré en contacto con el doctor Webb y su modelo COACH para líderes cristianos. Puedo afirmar que hubo un antes y un después en mi manera de liderar y en la eficacia de mi trabajo.

Se debió a poder integrar a mi estilo personal de liderazgo las herramientas básicas del coaching tal y como fueron explicadas en aquel seminario intensivo. Esas herramientas, la escucha activa, las preguntas potentes, el ayudar a generar retroalimentación, el acompañar a las personas en el proceso de determinar sus metas, proveerles de apoyo y enseñarles a rendir cuentas, multiplicaron la eficacia de mi trabajo y mi impacto en las personas a las cuales tenía y tengo la responsabilidad de liderar.

Y de eso trata precisamente este libro. El autor ha sabido transformar los contenidos del seminario en un ágil, práctico y motivador libro que desde el comienzo hasta el final está lleno de sabiduría, sentido común y buenas herramientas para cualquier líder. Un contenido que es igualmente aplicable en un contexto cristiano como en uno secular.

Agradezco al doctor Webb el hacer accesible estos contenidos a los líderes del mundo de habla hispana. Estoy seguro de que así como fue para mí, lo será para muchos otros: un desafío, un estímulo, una ayuda inestimable para sus ministerios.

Félix Ortiz
Escritor, conferencista internacional, pastor y coach.

Reconocimientos

«Es muy fácil sobrevalorar la importancia de nuestros propios logros en comparación con lo que debemos a los demás».
— *Dietrich Bonhoeffer*

Este libro trata sobre el aprendizaje. Para ser más específicos, es acerca de aprender con la ayuda de un coach. Los coaches capacitan a las personas para pensar con más profundidad, sacando partido de la gran variedad de recursos a su alcance y tomando así sus propias decisiones razonadas. Es *el* imprescindible conjunto de técnicas de liderazgo que amplifica la interacción con otras personas. Más de esto en las páginas siguientes.

Mucha gente me ha ayudado a aprender las lecciones comunicadas en este libro. Steve Ogne fue el primero en introducirme al coaching en 1994 y sigue siendo mi amigo y gurú en cuanto al tema. J. Robert Clinton, Gary Mayes y Terry Walling influyeron en mi paradigma de desarrollo de liderazgo. Aprendí a ejercer el coaching en Indonesia, efectuando mis primeros intentos con Herman, Jimmy, Medi, Mery, Michale y Rosgentina.

Takeshi Takazawa y yo vimos la relevancia del aspecto multicultural en el coaching[1] cuando dimos unos talleres de tres días utilizando las primeras versiones de estos materiales con gente de

Camboya, China, Inglaterra, Hungría, Indonesia, Japón, Líbano, Rusia y Singapur; por el camino se hicieron muchas innovaciones.

En octubre de 2006, Lori Webb y yo dirigimos el primer programa certificado de coaching CORE Coaching Skills; un seminario profesional de sesenta horas para líderes cristianos. En los seis años que han pasado desde entonces, hemos formado a más de setecientos líderes a través de este programa. Dave DeVries, Kevin Stebbings, Lori Webb, Bryan Wintersteen y Kim Zovak, del equipo de formación de Creative Results Management, me han ayudado a ir mejorando con la experiencia.

«Gracias» de todo corazón a cada una de las personas que han contribuido a mi manera de hacer y pensar.

Mi agradecimiento al doctor. Gary R. Collins por su aportación con el prólogo. Lisa Meaney consiguió con la edición del texto que el libro sea más fácil de leer. Cualquier error que pueda haber es mío.

Lori, vaya viaje. Has estado ahí en cada paso del camino. Me alegra mucho ir contigo.

Finalmente, me gustaría expresar mi más profunda gratitud a los muchos y fieles colaboradores que han orado por mí y me han apoyado económicamente durante algo más de veinte años. Su apoyo y sus oraciones nos han permitido, a mi familia y a mí, llevar a cabo el ministerio que este libro describe.

La mayoría de ejemplos de esta obra están basados en conversaciones reales acerca de *coaching*. Para mantener la confidencialidad, he cambiado los nombres, los lugares y los detalles, de modo que son un compuesto de distintas conversaciones. Cualquier parecido con personas reales, vivas o muertas, es pura casualidad.

Esquemas mentales del *coaching*

«*Los analfabetos del siglo XXI no serán quienes no puedan leer y escribir, sino quienes no puedan aprender, desaprender y reaprender*».
— Alvin Toffler

Padezco una grave enfermedad. Afecta a mucha gente, independientemente de su educación, economía o etnia. La padecen desde los catedráticos hasta los obreros de una fábrica. Afecta a personas de todo el mundo: África, Asia, Europa, Oriente Medio, América del norte y del sur. Las personas de fe no son inmunes. De hecho, quizás tengan una tasa más alta de infección, pero tampoco muy distinta. A veces, las personas sin fe pueden mostrar los síntomas más fuertes de la enfermedad. Hay quien dice que no existe; y si existe, solo es en los demás.

Se trata del *sabelotodismo*.

El sabelotodismo afecta la capacidad de la mente para retener información y procesarla sin prejuicios. Dicha enfermedad deja a los afectados ciegos a opiniones, respuestas y soluciones que no sean las propias.

La infección se manifiesta en dos variantes: la agresiva y la pasiva. Ambas hacen creer a la persona infectada que sus ideas son correctas y mejores que las de los demás. La diferencia entre ambas variantes de la infección es la manera en que se expresa dicha creencia.

Los síntomas del *sabelotodismo agresivo son*:
- Apresurarse a hablar
- Escuchar hasta que la otra persona respira
- Tener una respuesta para todo
- Ganar discusiones, pero perder el respeto

Los síntomas del *sabelotodismo pasivo* son:
- Hacer ver que se está escuchando
- Mantener una expresión facial petulante
- Plantear preguntas para demostrar sutilmente que el otro está equivocado
- Mofarse o criticar internamente al que habla

¿Nos traen estas descripciones a un par de personas a la mente? Estamos rodeados de personas afectadas por el *sabelotodismo*. Sin embargo, la capacidad de detectarlo en los demás puede ser una señal de que nosotros mismos estemos infectados. De aquí en adelante, intente leer para su propio beneficio y no tanto con el propósito de arreglar a otros.

El sabelotodismo diagnosticado

A principios de los noventa, la organización con la que trabajaba entonces me nombró director de multiplicación de iglesias en Japón. Tenía veintiocho años y estaba más que dispuesto a ir. Supervisaba a siete familias estadounidenses cuya tarea era plantar nuevas iglesias. Como padecía de *sabelotodismo*, mi estilo de comunicación se valía en gran medida de los consejos. Solía repartirlos en forma de ideas, sugerencias, indirectas, charlas, enseñanzas e incluso motivos de oración.

Al ofrecer estrategias en relación al ministerio de otras familias, descubrí que mis sugerencias y mi ayuda no eran siempre bienvenidas ni apreciadas. Al igual que yo, ellos tenían sus propias ideas. Durante esos primeros años, me asediaban en grupos varias veces para decirme que «yo iba a la mía», que «pasaba por encima de los sentimientos de los demás», y que «no escuchaba». Me decían que «ellos también tenían ideas».

No es tan solo que padeciera de *sabelotodismo*, sino que como supervisor me sentía responsable de mis compañeros de equipo. Pensaba que si sabía algo que les podía ser útil, mi obligación era decírselo. Sería irresponsable no hacerlo.

Me confundió el que mis esfuerzos por ayudar los percibieran como arrogantes y dictatoriales, por lo que me sentí frustrado, ya que a sabiendas de lo que estaba ocurriendo tampoco contaba con otra herramienta de comunicación para ayudar al grupo en la consecución de sus objetivos.

> *«Mejorar es cambiar;*
> *ser perfecto es cambiar a menudo».*
> *— Winston Churchill*

Cambios de manera de pensar

Pasaron tres cosas que no solo cambiaron mis aptitudes comunicativas, sino también mi manera de pensar en cuanto a cómo dirigir a otras personas.

En primer lugar, oí hablar de una serie de técnicas de comunicación denominadas *coaching* que ayudaban a las personas a encontrar soluciones y a crecer. El coaching implica escuchar a otros, plantear preguntas para profundizar en el pensamiento, permitir que encuentren sus propias soluciones, y hacer todo eso de manera en que las personas se sientan capaces y lo suficientemente responsables como para actuar.

El problema era que lo de escuchar y plantear preguntas yo lo hacía fatal. Yo ya sabía lo que la gente debía hacer; o eso creía. ¿Por qué tenía que plantearles ciertas preguntas si yo ya conocía las respuestas?

Estaba convencido de que las técnicas del coaching eran cruciales para que la gente aceptara mis ideas y soluciones, así que estaba motivado a aprender. Sin embargo, no era algo genuino. Descubrí que hacer llegar a otros a mis conclusiones por medio de preguntas era mucho más difícil de lo que me imaginaba. (Obviamente, no había entendido el coaching.) Algunas personas con quienes trabajé se pudieron haber sentido manipuladas y con razón. En seguida, volví a la práctica de decirle a la gente lo que yo pensaba que debían hacer. Pero como buen aprendiz, le puse un nuevo nombre a mi vieja práctica: «coaching».[2]

El Espíritu Santo

La segunda cosa que me ayudó a cambiar mi manera de pensar fue la lectura de un versículo del Evangelio de Juan en el que Jesús les dice a sus discípulos:

> «Pero el Consolador, el Espíritu Santo, a quien el Padre enviará en mi nombre, les enseñará todas las cosas, y les recordará todo lo que les he dicho» (14.26).

Me impactaron las frases «os enseñará» y «os recordará». Pensaba que como líder, lo de enseñar y recordar era trabajo mío. Las personas con autoridad en mi vida siempre me habían enseñado y recordado cosas; mis padres, maestros, mentores y supervisores. Mi iglesia me había instruido a enseñar la verdad y a hacer frente al error siempre que me encontrara con él.

¿Qué significaba tomarse al pie de la letra las instrucciones de Jesús? ¿Cómo iba yo, un líder responsable de otras personas, a dejar de enseñar y recordar?

Al cabo de poco tiempo, cuando estaba terminando el máster, asistí a unas clases de C. Peter Wagner. El tema era la multiplicación de iglesias y un día el doctor Wagner nos habló del crecimiento tremendo de las iglesias independientes en África central durante los años ochenta. Nos mostró unos gráficos que ilustraban el acentuado incremento de las cifras de asistencia durante ese periodo. En esa época, algunas de las iglesias más grandes del mundo se hallaban en África central y estaban dirigidas por africanos. No eran congregaciones que formaran parte de una denominación extranjera; se trataba de iglesias autóctonas.

Al fondo del aula, alguien levantó la mano, se puso en pie y, con una voz cargada de emoción, dijo: «Pero doctor Wagner, ¡la mayoría de esas iglesias son heréticas! La mayoría de esos pastores africanos son corruptos y extremadamente autoritarios. Su teología es una mezcla de prácticas animistas y cristianismo. Una de las más grandes de esas iglesias independientes ni siquiera cree en la deidad de Cristo. ¿Cómo puede ponerlas de ejemplo de crecimiento de iglesia?».

Wagner sonrió y mostró una risita entre dientes. Luego, acariciándose su blanca y puntiaguda perilla, explicó que hasta el año 325 A.D. el Concilio de Nicea no se puso de acuerdo sobre la deidad de Cristo y que tardaron 75 años más en poder describir la Trinidad. Hasta el Sínodo de Hipona, del año 393, no se aprobó el Canon de las Escrituras que tenemos.

«Por tanto», concluyó, «si podemos darle al Espíritu Santo un par de cientos de años para trabajar eso con los primeros líderes de las iglesias, pienso que también podemos darle un par de décadas para trabajar con nuestros hermanos y hermanas africanos».

Vaya. Menuda impresión. Por un lado me rebotaba y pensaba que era una de las afirmaciones más irresponsables que había oído jamás. Después de todo, como ministros, ¿cuál es nuestro trabajo si no asegurarnos de que la Biblia se enseñe y se aplique correctamente? Contamos con las Escrituras, nuestra autoridad final en cuanto a fe y conducta; por tanto, si un creyente cree o se comporta de una manera claramente no bíblica, ¿no debemos hacerle ver su error? Me di cuenta de que mi alta consideración de las Escrituras no era incorrecta, pero mi comprensión y dependencia del Espíritu Santo eran débiles.

Me sentí tocado. Si era honesto, debía reconocer que no confiaba en el Espíritu Santo, y solo el Espíritu Santo, para corregir los problemas de la iglesia africana. Pensaba incorrectamente que mi ayuda o la de otros cristianos era necesaria. Hasta ahí llega la arrogancia del ministerio. Por otro lado, el doctor Wagner confiaba en que el Espíritu Santo iba a hacer lo que Dios quisiera sin su ayuda, ni la del seminario Fuller, ni la de la iglesia estadounidense.

Aprendí dos cosas sobre la responsabilidad del liderazgo:

1) No es responsabilidad mía cambiar a otros. El Espíritu Santo puede hacerlo él mismo y lo hará; quizás conmigo pero a menudo sin mí.

2) No es responsabilidad mía corregir todo lo que pienso que no se ajusta a las Escrituras, la política de empresa o las mejores prácticas. El Espíritu puede decidir contar conmigo o puede tener otros medios u otro momento.

Para una persona que padece el *sabelotodismo*, darse cuenta de esto es del todo revolucionario.

El precio del consejo

La última lección que consolidó mi cambio de manera de pensar tuvo lugar después de que nos trasladáramos con la familia a Indonesia; el país musulmán más grande del mundo.

Una vez allí, trabajé con organizaciones cristianas sirviendo a grupos indígenas en zonas remotas del país. Esos grupos eran musulmanes. Como es de imaginar, a los radicales de esos lugares no les gustaba que las ideas relacionadas con la fe en Jesús corrieran libremente, por lo que intentaban sacarse de en medio todo lo que pudiera considerarse competencia con el dominio islámico. Durante los años que estuve en Indonesia, los radicales detonaron bombas en Bali y Yakarta, atacaron iglesias cristianas y amenazaban a los extranjeros constantemente.

Con ese panorama empecé a trabajar con jóvenes cristianos indonesios que querían ayudar a paliar la pobreza, enseñar a los niños su propia lengua y compartir las buenas nuevas de Isa al Masih (Jesús el Mesías) con sus conciudadanos. La mayoría de esos creyentes indonesios tenían entre dieciocho y veintiún años, solamente formación secundaria y tres meses de educación bíblica.

Estaban dispuestos a aprender de mí. Valoraban mis ideas y querían más. Es más, descubrí que si les aconsejaba algo, iban y lo hacían. Pensé: «¡Por fin alguien me escucha!». Me sentí valioso, importante y apreciado.

Aunque, al menos en mi mente, trataba de dejar a mis amigos indonesios tomar sus propias decisiones, les daba muchos consejos. Ellos iban y llevaban a la práctica un plan basándose en mis recomendaciones para luego volver a preguntarme cuáles eran los pasos siguientes. Les decía que debían pensarlo ellos mismos, pero de alguna manera (sin mucha dificultad) conseguían que les soltara mi consejo sobre la situación. Entonces, iban y hacían lo que les había aconsejado.

Ahí me di cuenta de lo siguiente. Descubrí que los jóvenes estadounidenses, australianos o europeos, procedentes de sociedades igualitarias, me escuchaban, tomaban la parte de mi consejo que les resultaba útil y descartaban el resto. Sin embargo, Indonesia es una comunidad socialmente jerarquizada en la que se escucha y se sigue el consejo de las personas de mayor rango o cargo. Así que, aunque les decía que debían hacer las cosas a su manera, mis amigos indonesios se tomaban mis consejos de manera bastante literal. Creían que un buen seguidor hace lo que su maestro le dice que haga; no hacerlo sería irreverente.

Un día, mientras reflexionaba en esa situación, me di cuenta de que mis consejos podían provocar que esos jóvenes fueran asesinados, golpeados o que tuvieran que huir de los pueblos en que estaban sirviendo. De repente, dar consejos adquirió un precio muy alto. ¿Quién era yo para tomar decisiones de vida o muerte por esas personas?

Esas decisiones no eran cosa mía. Cada persona y equipo debía escuchar al Espíritu Santo en lo que concernía a los próximos pasos a dar. Si el Espíritu Santo los conducía a algún lugar o a hacer algo que implicara persecución, entonces es que era la voluntad de Dios. Era crucial que escucharan a Dios, no a mí.

Aun así, como persona afectada por el *sabelotodismo*, no estaba equipado con las aptitudes comunicativas necesarias para cultivar su capacidad de escuchar al Espíritu Santo. No sabía cómo hacer aflorar lo que estaban escuchando y experimentando, para así ayudarles a procesar toda esa información, convirtiéndola en pasos concretos que procedieran genuinamente del Espíritu.

¿Qué debía hacer? Entonces recordé que hacía unos años había oído hablar del coaching no directivo. Por pura desesperación, empecé a practicar la manera de pasar del rol de consejero al de coach. Me enfoqué en escuchar. Me resistía a hacer afirmaciones. Me compré un par de libros y escribí algunas preguntas clave que podía plantear a los indonesios. Fue un proceso realmente difícil. Sin embargo, poco a poco fui progresando.

Escribo como un aprendiz más, alguien que por naturaleza no sabe escuchar, hacer preguntas, sonsacar o facultar a las personas. He aprendido unas valiosas técnicas de coaching que han transformado mis interacciones con las otras personas. Las ideas y los consejos me siguen viniendo a la mente, pero he aprendido a controlar mi propensión a decirle a la gente lo que debe hacer y, en lugar de eso, ahora me puedo valer de preguntas para hacer aflorar sus pensamientos e ideas.

En cierto modo, soy la persona menos indicada para escribir sobre las aptitudes para el coaching, porque me resulta muy poco natural; sigo teniendo la predisposición a dar consejos. Sin embargo, al no ser estas aptitudes algo natural en mí, he tenido que encontrar la manera de aprenderlas. Al enseñarlas junto a mis colegas, hemos visto a miles de personas mejorar su capacidad de dirigir y facultar a otros de manera indirecta, escuchando, haciendo preguntas y ayudando a que encuentren sus propias respuestas en lugar de dárselas nosotros.

Ese proceso ha sido un largo, aunque increíblemente gratificante, recorrido. Espero que se unan a mí y echemos una profunda mirada a lo que significa ejercer el coaching con la gente.

Aprender sin ser enseñado

«*Siempre estoy dispuesto a aprender, aunque no siempre me gusta que me enseñen*».
—*Winston Churchill*

La búsqueda

De pequeño, me encantaban las películas y programas de televisión dedicados a lugares exóticos, aventuras y misterio. Me gustaban los dibujos animados de *Jonny Quest, Scooby Doo* y *los Jetsons*. Me encantaba mirar series de televisión como *Misión imposible, Perdidos en el espacio* y *El reino animal*. Algunas de mis películas preferidas eran *Casablanca, Atrapa al ladrón* y todas las de Tarzán, James Bond e Indiana Jones. Todavía me gustan y he añadido a mis intereses las novelas de misterio y de espías.

Lo que me gusta de todas esas aventuras es la sensación de lo desconocido: descubrir cosas nuevas, culturas, amores y tesoros. Estoy seguro de que eso ha influido en mi predisposición a vivir en otro país y en mi fascinación por los comportamientos de las distintas culturas. A veces me siento como un Indiana Jones, navegando por culturas y descubriendo cosas nuevas; pero sin sombrero ni látigo.

El coaching es como una búsqueda. Es un viaje rumbo a lo desconocido, lo cual hace que se convierta en una aventura. Con el coaching nos embarcamos en una búsqueda valiéndonos de preguntas en conversaciones. Es como si quien pregunta se hallara en un viaje a lo desconocido. Se arriesga a salir a esa búsqueda porque lo desconocido se vale de nuestros temores y de nuestra imaginación. Cuando preguntas, nunca sabes a dónde te va a llevar la respuesta, porque no sabes lo que la otra persona responderá.

Pero no solamente se embarca en una búsqueda quien pregunta, el que la recibe también puede embarcarse en ella cuando reflexiona en la misma. También descubre cosas nuevas. Las preguntas nos hacen pensar de otra manera y desde otras perspectivas. Combinamos varias cosas que «ya sabíamos» y llegamos a un sitio nuevo.

Las búsquedas nobles son por el bien de otro. Las respuestas deberían proceder del receptor, no de quien las plantea. Si quien las plantea utiliza las preguntas para conducir a la persona a un sitio concreto, entonces no se trata de una verdadera búsqueda. Planteamos preguntas para que ambos, coach y cliente, puedan viajar a lo desconocido.

Definición de coaching

Nuestra definición de coaching pone de relieve cuáles son nuestros valores, esquemas mentales y métodos en el trabajo con las personas. Actuamos conforme a nuestras creencias. En este libro defino el coaching de la siguiente manera:

El coaching es una conversación intencional y continuada que capacita a una persona o grupo a vivir el llamamiento de Dios a plenitud.

Desglosemos y echemos una ojeada a cada concepto de esta definición.

Conversación intencional: «Intencional» no se refiere a un resultado predeterminado, sino más bien a unos esperados y a determinada metodología. Esperamos que cada conversación produzca unos descubrimientos, unas percepciones y unos pasos prácticos dirigidos por el Espíritu Santo. La metodología de coaching utiliza procesos y técnicas comunicativas diseñadas para mantener al cliente en el asiento del conductor, reflexionando en ideas, tomando decisiones y pasando a la acción.

Continuada: El coaching puede darse en una sola vez, a modo de conversación breve y espontánea. Sin embargo, es mucho más eficaz si se prolonga en el tiempo y hay un contacto periódico. Muchos coaches deciden una pauta de una hora cada dos semanas durante un periodo de varios meses, o tener varias conversaciones breves durante la semana.

Capacita: El resultado general de una relación de coaching es que el cliente se sienta capacitado, que ha crecido; más equipado para razonar y resolver situaciones por sí mismo. Durante la relación de coaching, se marca la agenda de cada conversación, se crean sus propios pasos prácticos y se toman sus propias decisiones. No hay manipulación ni dependencia del coach.

Una persona o grupo: El coaching se centra en el individuo; su reflexión, crecimiento y posterior acción. También se puede aplicar a un grupo. Un grupo de personas con un mismo tema de coaching pueden tratarse simultáneamente. Cada persona aprenderá en su relación de coaching con los demás. También se puede practicar el coaching con un equipo centrándolo en los objetivos del mismo y la contribución particular de cada persona para alcanzarlos. Las necesidades personales de crecimiento de cada miembro del equipo son otro tema que requeriría un coaching individualizado.

Vivir a plenitud: El coaching ayuda a las personas a prosperar, destacar y desplegar todo su potencial en vez de conformarse. El proceso del coaching fomenta una mayor obediencia a Dios y una sintonía con sus deseos.

El llamamiento de Dios: Aquí es donde mi definición diverge de muchas otras; tanto seculares como cristianas. Yo creo que el trabajo del coach consiste en mucho más que limitarse a ayudar a una persona a conseguir lo que quiere. Coach y cliente deben prestar atención también a los propósitos de Dios. El coach ayuda a las personas a ser lo que Dios quiere que sean (Efesios 1.4, 5) y a hacer lo que Dios quiere que hagan (Efesios 2.10).

El coaching apoya y fomenta el llamamiento, los dones y el potencial único que Dios ha dado a cada persona. El llamamiento se puede descubrir y esclarecer de muy distintas maneras en la vida de una persona. El coach es tan solo una de las muchas personas capaces de ayudar a discernir el llamamiento de Dios para una persona. A lo largo del proceso de coaching, el coach intenta ayudar al cliente a esclarecer lo que Dios le está diciendo y a discernir lo que significa vivirlo.

El Espíritu Santo, el cuerpo de Cristo y el coaching

A los cristianos, como a muchas otras personas, nos encanta enseñar, dar consejos y corregir. Creo que abusamos de dichas actividades. Este hábito procede de una comprensión incompleta del papel que juegan el Espíritu Santo y el cuerpo de Cristo, así como de una falta de técnicas de comunicación no directiva.

En el primer capítulo, hablaba de mi comprensión del Espíritu Santo y su habilidad perfecta para enseñar y recordar tanto al coach como al cliente. Entremos más a fondo.

Todos los cristianos tienen al Espíritu Santo en su interior. Jesús envió a los creyentes un Consolador (Juan 14.15-18) para enseñarles y recordarles (Juan 14.26). Los coaches cristianos no son un sustituto del Espíritu Santo. En nuestro afán por ayudar, es fácil olvidarlo. Nuestros conocimientos, experiencia, intuición y discernimiento espiritual nos pueden tentar a sacar conclusiones y hacernos creer que sabemos lo que la otra persona necesita. Más importante que la perspectiva del coach es la del Espíritu Santo y cómo dirige a la persona.

Un postulado básico y bíblico es que Dios ya está obrando en la persona que se halla en el proceso de coaching.

> «Pero Jesús les respondía: "Mi Padre aun hoy está trabajando, y yo también trabajo". "Ciertamente les aseguro que el hijo no puede hacer nada por su propia cuenta, sino solamente lo que ve que su padre hace..."» (Juan 5.17, 19b).

Si Jesús no podía hacer nada por sí mismo, ¿cómo no vamos a poder nosotros dejar de lado nuestras agendas, estrategias y planes para una persona y, en su lugar, unirnos a lo que el Padre está haciendo en ella o a través de ella? Él seguirá obrando en la vida del cliente, con o sin nosotros. Como dijo Pablo: «el que comenzó tan buena obra en ustedes la irá perfeccionando hasta el día de Cristo Jesús» (Filipenses 1.6). Una clave para la eficacia del coaching es que coach y cliente entiendan lo que Dios está haciendo y se unan a su trabajo.[3]

El coaching integra un proceso de discernimiento. Todos los creyentes tienen al Espíritu Santo, pero no todos escuchan su voz ni saben cómo responder bien. Aprender a escuchar al Espíritu Santo es esencial para entender la voluntad de Dios. El trabajo del coach es animar a la otra persona a reflexionar, a buscar al Espíritu Santo y a escuchar su voz. En esta tarea, el coach es similar a un buen director espiritual. Richard Foster escribe: «¿Cuál es el propósito de un director espiritual? ... Su dirección es conducirnos simple y llanamente a nuestro verdadero director. Es el medio de Dios para abrirnos camino a la enseñanza interior del Espíritu Santo».[4]

Todo creyente tiene al Espíritu Santo y, por tanto, conexión directa con Dios sin necesidad de un mediador humano (Hebreos 10.19-20). El discernimiento espiritual, sin embargo, es un proceso social, no individual. Dios creó el cuerpo de Cristo como un entorno social en el que su voluntad se da a conocer, se interpreta y se aplica (1 Corintios 12.12-30). Una persona que no tiene un papel activo en el cuerpo de Cristo no puede entender del todo la voluntad de Dios ni aplicarla a su vida. Maduramos gracias a nuestras relaciones en el cuerpo de Cristo (Efesios 4.11-16).

El coaching puede jugar un papel importante ayudando a las personas a razonar su proceso de discernimiento espiritual y a hacer partícipes en el proceso a los miembros apropiados del cuerpo de Cristo. Consideremos la naturaleza social de los humanos. «*Persona*, en latín, proviene de la palabra griega *prosopon*, que se podría traducir como "cara a cara". Todo ser humano es una persona siempre que se halle cara a cara, frente a otra persona, dialogando, relacionándose. Descubrimos que somos personas en comunidad con las relaciones».[5] En el coaching, reconocemos que el cliente tiene a muchas otras personas. Esas personas son un precioso recurso y debemos animar al cliente a sacarle partido. El coach nunca debe considerare a sí mismo como la única fuente de ayuda de nadie.

Proceso frente a contenido

Para ejercer un buen coaching, hay que saber distinguir entre proceso y contenido. El contenido de una conversación de coaching incluye el tema de la plática, los hechos, la información, las ideas y los compromisos. El proceso incluye la manera que coach y cliente tienen de conversar y trabajar con el contenido.

La responsabilidad del proceso y del contenido no recae de igual manera en uno u otro. Esta falta de equilibrio no se da en otro tipo de diálogos; y es justo eso lo que da tanto poder al coaching. En una conversación entre amigos, el contenido lo proporciona cada individuo de una manera bastante equilibrada; cada cual comparte sus historias, ideas, sugerencias o consejos. Si nuestro papel es de maestro, quizás seamos responsables del proceso y del contenido por igual.

El coach no proporciona el contenido: la información, ideas o recomendaciones. En el coaching, el coach se centra casi por completo en el proceso, extrayendo casi todo el contenido del interior del cliente.

Tabla 1

CONTENIDO Y PROCESO EN EL COACHING	
Contenido	**Proceso**
• Tema, objetivo, problema • Historias, hechos, información • Ideas, opciones, pasos prácticos • Percepciones, decisiones, compromisos *El contenido es primordialmente responsabilidad del cliente.*	• Buscar una localización adecuada • Generar confianza • Hacer aflorar pensamientos e ideas • Escuchar activamente, esclarecer y resumir • Plantear preguntas que evoquen el descubrimiento • Desafiar apropiadamente • Colaborar en la creación de un plan de acción • Dar seguimiento a los planes; rendir cuentas y fijar aprendizajes *El proceso es primordialmente responsabilidad del coach.*

En la Tabla 1, fijémonos en los verbos al principio de cada frase de la columna del proceso. El proceso tiene que ver básicamente con la atmósfera y las dinámicas de la conversación. El coach es el responsable principal del mismo. Todo el proceso está encaminado a ayudar al cliente a descubrir cosas, a encontrar soluciones y a avanzar en términos de comprensión y de acción. Mientras el coach se centra en el proceso, el cliente va encontrando sus propias respuestas.

Compartir las preguntas, no el contenido

En la escuela, la universidad y el seminario, me prepararon para enseñar, proponer ideas y encontrar soluciones. Todo contenido. Así que, cuando alguien me plantea un problema, mi primer impulso es considerar cómo lo resolvería. Fui entrenado para proporcionar respuestas (contenido), no para ayudar a las personas a encontrar sus propias soluciones (proceso).

En otros capítulos, trataré más detalladamente cómo plantear preguntas potentes. Por ahora, déjenme decir que plantear preguntas es un método excelente para ayudar a otra persona a escuchar al Espíritu Santo. Las preguntas extraen el contenido del cliente de manera natural. Las preguntas fuerzan a la persona a mirar hacia dentro, hacia arriba y a su alrededor en busca de respuestas.

Los ejemplos siguientes ilustran diferentes cosas que surgen en las conversaciones. La primera frase demuestra cómo nos podemos ver tentados a compartir contenido, y la segunda nos muestra una pregunta de proceso encaminada a conseguir contenido de la otra persona.

Re: Tema

Declaración de contenido: Hoy vamos a trabajar en su carácter.

Pregunta de proceso: ¿Qué resultado le gustaría obtener de nuestra conversación?

Re: Historias

Declaración de contenido: Así es como yo lidié con la situación.

Pregunta de proceso: ¿Cómo ha tratado este tipo de situaciones en el pasado?

Re: Hechos

Declaración de contenido: Hay tres cosas que necesita saber al respecto.

Pregunta de proceso: ¿Qué considera importante saber al respecto?

Re: Información

Declaración de contenido: Le puedo pasar un libro muy bueno sobre este tema.

Pregunta de proceso: ¿Dónde podría encontrar la información que necesita?

Re: Ideas

Declaración de contenido: ¿Qué le parece un póster gigante en forma de mono?

Pregunta de proceso: ¿Qué ideas tiene?

Re: Sugerencias

Declaración de contenido: Yo que usted, me sentaría con él y se lo diría todo.

Pregunta de proceso: ¿Qué opciones ve?

Re: Percepciones

Declaración de contenido: Creo que ve la necesidad de ser más disciplinado.

Pregunta de proceso: ¿Qué es lo que percibe?

Re: Pasos prácticos

Declaración de contenido: Esto es lo que quiero que haga durante esta semana.

Pregunta de proceso: ¿Qué hará para avanzar?

Re: Decisiones

Declaración de contenido: Debería hacer esto.

Pregunta de proceso: ¿Qué decisiones debe tomar?

El poder del coaching reside en el proceso. El coach faculta a otra persona a descubrir por sí misma, a adquirir claridad y conciencia, y a sacar de sí misma el contenido. Un buen coach ayuda a sacar lo que el Espíritu Santo ha puesto dentro.

Aprender sin enseñar

En verdad, ¿da resultados el coaching? ¿Se puede ayudar a alguien sin tener que darle ideas, sugerencias o consejos basados en nuestra propia experiencia? ¡Sí! Y por eso el coaching es tan emocionante. No hay que tener respuestas para los demás, simplemente hay que ayudarles a pensar en su propia situación y dejar que el Espíritu Santo obre por medio de nuestras preguntas y sus respuestas.

He aquí un ejemplo de conversación que ilustra cómo un coach usó el *proceso* para ayudar al cliente a descubrir el *contenido* que necesitaba para avanzar. Fijémonos en que el coach no da consejos, sencillamente plantea unas preguntas pertinentes para ayudar al cliente a aprender algo nuevo.

Nick acudió al coaching porque necesitaba recuperar la relación con su socio ministerial checo. Había vivido en la República Checa durante siete años y colaboraba con Jiri, un joven pastor checo. Se conocían desde que Nick llegó al país y por entonces ambos estaban solteros. Al cabo de dos años, Jiri se casó y fue nombrado pastor de una pequeña iglesia fuera de Praga. Jiri le pidió a Nick que fuera con él y se ocupara del ministerio de jóvenes.

Durante el primer año, todo fue bien. En el segundo, la tensión entre ellos fue creciendo paulatinamente. Nick se quejaba de que Jiri estaba tomando decisiones sin tener en cuenta su aportación. La iglesia no había crecido lo que esperaban y en lugar de probar las muchas ideas que Nick proponía, Jiri parecía rendirse y cada vez dedicaba más tiempo a preparar sermones.

El coach le preguntó a Nick cómo había tratado la situación con Jiri. En varias ocasiones, Nick había hablado con Jiri directamente sobre las tensiones, había ofrecido disculpas por lo que le correspondía y se había sincerado con Jiri en cuanto a su propio comportamiento. Jiri le sugirió a Nick que si no le gustaba cómo iban las cosas, quizás debería pensar en volver a Praga y unirse al ministerio que su misión tenía allí. Nick se sintió conmocionado y herido.

Después de haber escuchado los esfuerzos de Nick por resolver el conflicto, el coach le planteó una pregunta a la que él mismo no pudo responder. Le preguntó:

—¿Cómo resuelven los conflictos los checos?

Nick empezó a responder, pero se detuvo a pensarlo un momento y dijo:

—La verdad es que no estoy seguro.

—¿Valdría la pena averiguarlo? —preguntó el coach.

—Claro, pero no tengo ni idea de cómo hacerlo —respondió Nick.

El coach preguntó:

—¿Dónde podría encontrar esa información?

—Tengo un par de libros acerca de la cultura checa, pero no creo que encuentre mucho sobre resolución de conflictos.

—¿De qué otra manera podría averiguarlo?

Se lo pensó un poco...

—Supongo que podría hablar con el pastor Horsky. Está a punto de cumplir los setenta y es la versión checa de Billy Graham. Hace dos años le hice una entrevista para un proyecto de investigación del máster y me ayudó mucho.

—Excelente. ¿Quién más le puede ayudar?

—Nuestro director de ministerio lleva allí desde la caída del comunismo. Podría llamarle.

—Perfecto. ¿Alguien más?

—Conozco a un profesor de sociología de la universidad. Asistía a las clases de inglés que dábamos en la iglesia el año pasado. Podría citarme con él para tomar un café.

Con eso, Nick ya tenía un plan para investigar cómo resuelven los checos los conflictos.

Al cabo de dos semanas, volvió con un resumen de tres páginas no de solo cómo resuelven los checos los conflictos, sino también cómo funcionan en la cultura checa las relaciones entre los líderes y sus subordinados. Se dio cuenta de que su manera de intentar resolver el conflicto en realidad lo había empeorado; forzando a Jiri a distanciarse y a ponerse a la defensiva. Armado con lo aprendido sobre la resolución de conflictos en Chequia, durante los siguientes cuatro meses, Nick se puso a aplicar esos nuevos conceptos con paciencia y a trabajar en su relación con Jiri. Pasaron la página y los dos hombres siguieron trabajando bien juntos durante los tres años siguientes.

Las preguntas son unas herramientas potentes para ayudar a las personas a concienciarse de algo y a cambiar de óptica.

Durante el coaching, la pregunta «¿cómo resuelven los conflictos los checos?» ayudó a Nick a concienciarse. El coach no sabía la respuesta y Nick tampoco. Fue una pregunta totalmente fortuita. Sin embargo, dio un vuelco a la conversación sobre los esfuerzos de Nick y la resistencia de Jiri, que eran los síntomas del problema, hacia un sustrato más profundo de diferencias culturales. La pregunta lanzó a Nick a una búsqueda que resultó en un aprendizaje profundo. La experiencia también equipó a Nick para aprender cosas nuevas por sí mismo partiendo de los recursos disponibles en la República Checa (personas e información).

Ciclo de acción reflexión

Cada día tenemos docenas de experiencias nuevas o, en mayor o menor grado, distintas de otras anteriores. Sin embargo, no solemos pararnos a reflexionar en ellas, perdiéndonos así el beneficio que nos proporcionan. No logramos aprender de ellas. Algunas experiencias nos dejan modelos que podemos continuar siguiendo y otras nos avisan lo que debemos evitar en el futuro.

El coaching es una aplicación del ciclo acción reflexión. A nivel humano, el mundo opera a través de una compleja cadena de causa y efecto. Muchas veces perdemos de vista los efectos de nuestras acciones, como si la cadena de causa y efecto se fuera alejando cada vez más de nosotros. En cambio, si podemos entender los efectos de nuestras acciones (o la falta de ellas), podremos usar esa mayor comprensión y claridad para ajustar mejor nuestro pensamiento y nuestra conducta, para así seguir mejorando. Si no conseguimos aprender de nuestras experiencias, podemos terminar por repetir unos errores evitables y caros.

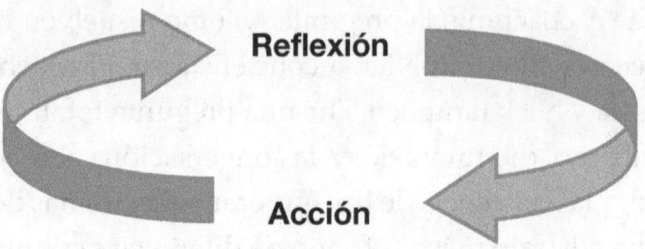

Figura 1: El ciclo acción y reflexión

Actuar, reflexionar después en el efecto para luego ajustar la acción es lo denominado *aprendizaje de circuito único*.[6] Es la forma más simple del ciclo de acción reflexión. Este tipo de aprendizaje se basa en realizar una serie de acciones similares, aunque mejoradas. Se consigue cierta mejora adicional, pero este nivel de reflexión no suele resultar en grandes innovaciones. Sin alguien o algo más que nos estimule a pensar, tendemos a quedarnos reflexionando en algo como «más de lo mismo». Es fácil quedarse atrapado en un patrón fijo. Ahí es cuando entra en juego el coaching.

> «*Si queremos que las cosas sigan así,
> las cosas tendrán que cambiar*».
> – Giuseppe Tomasi di Lampedusa, El gatopardo

El coaching potencia el ciclo de acción reflexión, animando a la persona a reflexionar más allá de las crecientes mejoras de las acciones actuales. Ejercerlo sobre los postulados, objetivos y significados del cliente puede aportar una nueva perspectiva y conducir a un avance significativo. Es lo denominado *aprendizaje de doble circuito*. El cliente actúa y observa los resultados. Luego, en lugar de limitarse a ajustar la acción original para mejorarla, da un paso atrás y reflexiona en los postulados más amplios que le han conducido a realizar dicha acción en primer lugar. Los cambios a nivel de postulados pueden producir diferencias significativas y generarán automáticamente ideas para nuevas acciones, produciendo unos resultados distintos y supuestamente mejores. Estos resultados pueden ser usados entonces para revisar y perfeccionar la estrategia o volver a examinar los postulados.

En este libro, encontraremos diferentes técnicas y procesos para ayudar a otros a examinar sus postulados y creencias, para que puedan ver su situación desde distintas perspectivas. Al cliente le cambiará la vida y progresará hacia sus objetivos siempre que apueste por implicarse en el ciclo de acción reflexión.

El modelo COACH™

He compartido con ustedes la teoría sobre el coaching. Ahora voy a presentar la práctica del mismo a través del acrónimo C.O.A.C.H.

El modelo COACH sigue un patrón que ha demostrado generar unas conversaciones productivas, integrales y edificantes. Le saca partido al ciclo de acción reflexión y crea una guía de conversación flexible que permite al cliente alcanzar hitos significativos que producen clarividencia, aprendizaje y un avance serio.

¿Por qué necesitamos un modelo de conversación? Contaré dos historias que ilustran cómo la gente aporta distintas potencialidades a las conversaciones; pero las potencialidades conllevan ciertas debilidades.

Wendy me contó sus conversaciones con una vecina que tenía problemas matrimoniales. La escuchaba con mucha empatía. La vecina se sentía escuchada y cuidada, pero no veía cambios ni avances. Semana tras semana le venía con los mismos problemas. Wendy se preguntaba cómo dirigir la conversación para ayudarla a dar algún tipo de paso hacia un matrimonio más satisfactorio.

Conozco a un hombre que, según su esposa y compañeros de trabajo, era conocido por ofrecer soluciones inmediatas a los problemas. Según él, si una persona decidía contarle un problema, era obvio que esperaba que le ofreciera una solución. Se pensaba que así ayudaba. A los demás les parecía lo contrario. Les parecía que no escuchaba, que no tenía empatía y que no se preocupaba por ellos.

Esas dos personas eran muy fuertes en distintas partes del proceso de diálogo. Wendy era excelente y empática en cuanto a escuchar, pero debía aprender a ayudar a las personas a actuar. Mi otro amigo pasaba directamente a la acción y necesitaba aprender a escuchar, explorar y ayudar a las personas a que encontraran sus propias soluciones. El modelo COACH ayuda a esos dos tipos de personas a crecer en las áreas en que no tienen ese don natural.

El modelo COACH es puro *proceso*. El *contenido*, el destino y los descubrimientos que se hacen por el camino vienen totalmente determinados por el cliente. Muchas personas piensan que este modelo les da confianza para ejercer el coaching con otras sea cual sea el área en que quieran trabajar. Es importante recordar que el coaching no trata de dar respuestas, sino de plantear preguntas que hagan pensar.

Figura 2: El modelo COACH™

El modelo COACH se nutre de preguntas. En los próximos capítulos, se aparea cada paso del modelo COACH con técnicas destinadas a equiparnos para plantear preguntas potentes y útiles.

Las letras que forman la palabra «coach» son las iniciales de cada fase del proceso.

1. C de conectar: Conectar tiene dos partes. Primero, establecer contacto con nuestro interlocutor para generar confianza; y segundo, dar seguimiento a los pasos prácticos de la anterior conversación de coaching.
2. O de objetivo: Lo que el cliente pretende conseguir durante la conversación. Sabiéndolo desde un buen principio, la plática puede girar en torno a lo verdaderamente importante para el cliente.
3. A de ampliar: Ampliar la concienciación en un diálogo reflexivo destinado a producir en el cliente descubrimientos, clarividencia y una mayor perspectiva. Cuánto más

amplia sea su perspectiva, más integral y, por tanto, más creativa será la visión de su situación. Verá un mayor número de opciones y, al final, tomará mejores decisiones.
4. **C de concretar:** Se trata de poner en marcha las percepciones y descubrimientos, ayudando al cliente a crear pasos prácticos. Ayudar a las personas a pasar a la acción es una parte esencial de la experiencia del coaching.
5. **H de hitos:** Se trata de centrarse en aquellas partes de la conversación que al cliente le han resultado más significativas. Cuando el cliente repasa la conversación, refuerza sus percepciones y los puntos importantes, fortaleciendo así su aprendizaje. Esos hitos también revelan al coach en qué manera se ha beneficiado el cliente de la plática.

El resto de este libro explica cada fase del modelo COACH, incluyendo también las aptitudes apropiadas para saber escuchar, preguntar y procesar.

Conectar

«La manera de ganarse una buena reputación es proponerse ser lo que se quiere parecer».
— Sócrates

El primer paso del modelo COACH es *conectar*. El propósito de conectar consiste en empezar la conversación de coaching con una nota informal y personal que ayude a ponerse al día en cuanto a la conversación anterior.

Charlar distendidamente al principio de la conversación ayuda a coach y a cliente a conectarse y engancharse. Es la forma más natural de empezar una plática. Sin embargo, cuando ya se ha establecido una relación de coaching, no es raro pasar al tema de inmediato e ir al grano. Por corta que sea la conversación, se trata de hablar con un propósito.

La confianza se capta

Cuando estaba en Tokio, una vez me paré a preguntarle a un hombre por una dirección. Lo pensó, miró a su alrededor, dudó y finalmente me dijo por dónde ir, señalando una calle a la izquierda. Su respuesta no me dio demasiada confianza en la información que me había dado. Poco después, vi que en la entrada de unos almacenes había un mostrador de información. Fui y le pregunté a una chica joven que había allí. Me respondió con mucha seguridad que debía volver por donde había venido, pasar de largo la estación de tren, y a un par de manzanas llegaría a mi destino. No conocía para nada a ninguna de las dos personas, pero tras una breve relación con cada una de ellas, decidí confiar en las instrucciones de la joven. La confianza se desarrolla gracias a la sensación de compenetración con los demás.

La confianza en la otra persona también gobierna nuestras conversaciones. Recordemos un momento en que tuvimos un diálogo con una persona que conocíamos y en quien confiábamos. Ahora, contrastemos esa experiencia con otro momento en que conversábamos con alguien en que no confiábamos. El contenido de la conversación podría ser exactamente el mismo, pero nuestra visión de la otra persona influye en el resultado.

¿Cuánta confianza se necesita?

La manera en que nos relacionamos con las personas exige diferentes niveles de confianza. Pongamos que dos personas nos quieran ayudar usando distintos enfoques. Una quiere guiarnos y aconsejarnos sobre nuestro problema. Nos cuenta su experiencia, sus conocimientos y nos dice lo que sabe sobre el tema. Ahora, imaginemos a una segunda persona que nos ayuda escuchándonos y haciéndonos buenas preguntas. No nos da ningún consejo pero nos hace sacar ideas y luego afinarlas y mejorarlas.

Ahí va la pregunta: ¿en cuál de esas personas hemos de confiar más para utilizar su ayuda?

La mayoría responde que en la primera. La razón es que, si no podemos confiar en esa persona, no podremos confiar en su orientación ni en su consejo. La vemos como a un experto que debe estar «calificado» por su trasfondo y su relación con nosotros. Sin embargo, el tener una relación fuerte y de confianza con esa persona, ¿hará que su consejo sea mejor que si no hubiera dicha relación? No, pero sí hará que el consejo sea más fácil de aceptar.

Pensemos en el segundo enfoque, en que la persona que quiere ayudar se limita a escuchar y a hacer preguntas. La confianza es importante y también la relación, sin embargo, los niveles de confianza y de relación pueden ser bastante distintos si todas las ideas y soluciones salen de nosotros mismos y no de la persona que nos ayuda. No hace falta tener tanta relación con esa persona para aceptar su ayuda si solo nos hace preguntas y nos escucha.

Cómo genera confianza el coaching

La naturaleza de la conversación y la técnica del coach contribuyen a facilitar la confianza. Veamos qué cosas generan confianza y compenetración, además de que muestran respeto.

El coaching genera confianza:

- Valiéndose del apoyo, no del control.
- Animando a tener ideas, no dándolas.
- Cediendo la responsabilidad en lugar de asumirla.
- Procesando las decisiones en vez de tomarlas.
- Creyendo en la persona en lugar de arreglarla.
- Manteniendo las citas y honrando la confidencialidad.

Cuando una conversación se basa en la confianza y el respeto, la gente se involucra y está más dispuesta a explorar, aprender y crecer. Esas actitudes y acciones siguen siendo verdaderas a lo largo de la relación de coaching. La fase de conectar da una pausa intencionada al principio de la conversación para permitir a coach y a cliente que se involucren en la relación antes de pasar a los objetivos y problemas en que quieren trabajar.

El poder de una conversación distendida

Déjenme explicar cómo se desarrolló la fase de conectar. Al cabo de tan solo unos encuentros, las conversaciones de coaching empiezan a adquirir un ritmo. Ambas partes saben que están trabajando por medio de conversaciones, cada dos semanas y durante un periodo de varios meses, para resolver problemas y alcanzar ulteriores objetivos. A ese ritmo, incluso a las dos semanas, es muy fácil ir directo al punto en que se quedó la plática la última vez.

Toni y su coach llevaban varios meses trabajando básicamente en cómo transformar el equipo de Toni en un grupo cohesionado para poder así alcanzar ciertos objetivos bastante agresivos.

Se encontraron a la hora de siempre.

—Hola coach —dijo Toni.

El coach entró y le dijo:

—Hola Toni. ¿Listo para empezar?

—Claro —respondió.

—¿Cómo ha progresado en cuanto a los pasos prácticos? —preguntó el coach.

Toni explicó lo que había hecho y hablaron de lo que había aprendido. Entonces el coach le preguntó a Toni:

—Hemos estado trabajando para unir a su equipo en torno a tres grandes objetivos, ¿cuál cree que es el siguiente paso para conseguirlo?

Toni expuso sus ideas, ambos identificaron el tema concreto de la conversación y lo estuvieron tratando durante los siguientes cuarenta y cinco minutos. Cuando llegó el momento de decidir unos pasos prácticos, Toni se mostró extrañamente reacio. El coach le preguntó qué pasaba y Toni contestó:

—Ya, es que no estoy seguro de tener tiempo para nada durante las próximas dos semanas.

Le cogió desprevenido. Los pasos prácticos son fundamentales para el coaching y Toni siempre se había mostrado entusiasmado. El coach le preguntó entonces:

—¿Qué es lo que le quita el tiempo?

Toni respondió enseguida:

—A mi mujer le han diagnosticado un cáncer de mama hace dos días y mañana tiene que ir al hospital a hacerse varias pruebas. No estoy seguro de poder trabajar en los objetivos del equipo esta semana.

El coach no podía creerlo. Se le acumulaban las preguntas en la mente: ¿Cáncer? ¿Cómo era posible que algo tan importante en la vida de Toni no hubiera salido en toda una hora de conversación que llevaban? ¿Qué tipo de coach era?

Rebobinando mentalmente la hora anterior, se dio cuenta de que habían ido directo a donde lo habían dejado en la última conversación de coaching y habían seguido trabajando en mejorar la dinámica del equipo de Toni. Ese era el patrón y el propósito de sus encuentros.

El coach se incomodó. Estaba conmocionado porque su denominado coaching personalizado no había sacado a la superficie algo tan importante y personal como el diagnóstico de cáncer de la mujer de Toni.

Reflexionando, una pregunta le hubiera dado a Toni la oportunidad de contar lo del cáncer de su mujer: «¿Cómo está?».

Quizás hubiera decidido no hablar de ello. Quizás hubiera querido seguir trabajando en el equipo y olvidarse del cáncer durante una hora. Pero no tuvo opción. El coach entró directo al grano y Toni le siguió por puro hábito.

¿Cómo está?

El propósito de entablar la conversación es restablecer la compenetración, ponerse un poco al día y dar la oportunidad al cliente de compartir lo que tenga en mente. No se trata de ser mecánicos en nuestra plática, sino de ser francos, comprensivos e integrales. Cuando a las personas se les da la oportunidad de «saltarse el guión» y hablar de lo que quieren, cuentan todo tipo de cosas y suelen acabar de pensar algo que tenían en mente y entonces se pueden concentrar totalmente durante el reto de la conversación de coaching.

Empecemos la conversación con la simple pregunta: «¿Cómo está?». Nueve de cada diez veces nos encontraremos con la respuesta estándar: «Bien, gracias. ¿Y usted?». Pero también daremos la posibilidad de compartir toda una variedad de cosas.

Desde que empiezo las pláticas de coaching con esta pregunta he aprendido mucho sobre mis clientes. Algunas de las cosas que he escuchado son:

- «Genial, mi hija ganó ayer el campeonato de baloncesto».
- «Fatal, en inmigración me han negado el visado y no sé lo que voy a hacer».
- «Cuando iba en moto a la oficina, casi me atropellan. Se me ha caído la moto. Estoy bien, pero todavía me tiemblan las rodillas».
- «Estoy un poco acatarrado».

Pero la mayoría de las veces escucho: «Bien ¿Y usted?». Todo lo que se necesita para averiguarlo es una simple pregunta.

Conectar. Ejemplo 1:

Este diálogo es un ejemplo de un cliente que cuenta brevemente cómo está. Lo que dice no tiene nada que ver con los objetivos de coaching, pero es algo que le entusiasma y lo que quiere hablar con el coach.

Coach: Hola Susana, ¿cómo está?

Cliente: Genial.

Coach: ¿Cómo le va la vida?

Cliente: Mi hijo acaba de ser aceptado en la Universidad de California en Los Ángeles y le han dado una beca parcial.

Coach: ¡Eso sí que es una buena noticia!

Cliente*: Sí, ya estábamos preocupados porque no sabíamos nada y en el mismo día recibimos la carta de aceptación y la oferta de beca. Estamos todos emocionados.*

Coach: Ya me lo imagino. Felicidades.

Cliente: Gracias.

Coach: [Pause] ¿Qué? ¿Preparada para seguir trabajando en sus objetivos de coaching?

Cliente: Claro.

Coach: Vale. ¿Qué progresos ha hecho en cuanto a los pasos prácticos?

...

Basta con reconocer la buena noticia de Susana para que se quede satisfecha y esté dispuesta a seguir. El coach dirige la conversación hacia la revisión de los pasos prácticos y luego continúa con el tema de coaching de ese día.

Conectar. Ejemplo 2:

Es fácil quedarse pillado en una historia sobre algún problema y entrar ofreciendo ayuda de coaching, para luego al final del encuentro darse uno cuenta de que el cliente no nos ha cortado la conversación por educación, pero que en ese tema en particular no necesitaba ayuda.

Coach: Hola David, ¿cómo está?

Cliente: Bien. Un poco ocupado, pero no es nada nuevo.

Coach: ¿Cómo le han ido las vacaciones?

Cliente: Nos lo hemos pasado bien. Ha sido relajante no tener que hacer nada durante una semana. Pero ahora que he vuelto al trabajo, lo estoy pagando.

Coach: ¿Cómo es eso?

Cliente: Se me han acumulado las citas y tengo como mil emails pendientes.

Coach: Pues vaya...

Este diálogo ilustra cómo afronta el cliente en la vida un problema o desafío. Algunos coaches entran inmediatamente en acción cuando ven un problema claro. En este caso, el problema es una agenda llena y miles de emails. Es importante aclarar si dicho problema está tan solo en la mente de la persona o si realmente quiere que se le ayude durante la conversación de coaching. Lo más sencillo es preguntar:

(continuación de la conversación de arriba)...

Coach: Pues vaya... [pausa]. Entonces, para ir avanzando, ¿en qué le gustaría que trabajáramos hoy?

Cliente: Me gustaría...[el cliente cuenta a dónde quiere llegar con la conversación].

Coach: Vale, muy bien. Antes de ponernos en ello, ¿podríamos ver cómo le han ido los pasos prácticos?

Cliente: Claro.

Coach: ¿Qué progresos ha hecho?

El coach no asumió que lo que David le había contado fuera el tema de coaching del día. Lo que hizo fue plantear una pregunta abierta para descubrir qué esperaba de la conversación de coaching. Entonces, pasó a repasar los progresos y generar aprendizaje a partir de los pasos prácticos realizados.

Seguimiento de los pasos prácticos

La fase de conectar del modelo COACH tiene dos partes. Primero hay que implicarse con la persona e irse compenetrando; y segundo, hay que seguir los pasos prácticos resultantes de la conversación anterior. Durante la primera plática de coaching no habrá pasos prácticos a seguir. Sin embargo, cada uno de los posteriores encuentros se construirá sobre estos. Para enseñar *El modelo COACH* a aquellas personas que no estén familiarizadas con él, casi al final del libro hay un capítulo exclusivo sobre el seguimiento.

Después de *conectar* viene el *objetivo*

Después de esta breve conexión y de dar seguimiento a los pasos prácticos, llega el momento de pasar a la conversación y averiguar en qué quiere trabajar el cliente y qué resultado espera obtener al final de la conversación. Empezando con el fin en mente, tanto coach como cliente pueden avanzar centrados y con seguridad.

Objetivo

«*La formulación de un problema suele ser más esencial que su solución...*»
— *Albert Einstein*

El coaching es una conversación intencional. Es un camino que conduce a algo significativo para el cliente. Lejos de ser un sinuoso paseo sin destino, la conversación de coaching suele empezar por aclarar a dónde quiere llegar el cliente. Como escribió Steven Covey: «Empezar con el fin en mente».[7] Un destino claro, o un resultado, es uno de los distintivos del coaching y el que convierte la conversación en intencional.

Tener claro el objetivo que se desea desde el principio de la conversación ayuda de distintas maneras. Primero, el esclarecer a dónde quiere ir a parar el cliente, permite a uno y otro ser claros sobre el objetivo de la conversación. El coach entiende lo que el cliente espera de la plática y puede colaborar con él para conseguirlo.

En segundo lugar, un objetivo claro ayuda a guiar la conversación y que esta gire en torno a lo que el cliente quiere conseguir o explorar. Una conversación que no busca ningún objetivo puede ir a ninguna parte, es decir, no estás seguro de a dónde vas ni de cómo llegar. Esas conversaciones, con frecuencia, deambulan y se pierden, terminando por aportar muy poca claridad a la que ya tenían. Un objetivo claro, por otro lado, da al coach y al cliente algo específico en qué trabajar, brindando menos opción a que la conversación se vaya por otros derroteros.

En tercer lugar, los resultados de la conversación se pueden medir si se sabe lo que se esperaba. A medida que la plática avanza, es bueno ir comprobando y preguntando al cliente si está satisfecho con los progresos y si hay que ajustar algo para obtener unos resultados más provechosos. Al final de la conversación es fácil saber entonces si ha cumplido con su propósito solo con comparar lo ocurrido con el objetivo esperado.

A veces el valor de la conversación de coaching es sencillamente esclarecer el problema o el objetivo del cliente. Muchas personas se sienten abrumadas y por tanto incapaces de empezar a avanzar. El proceso de clarificar lo que el cliente quiere le alivia de esos sentimientos y le libera para seguir avanzando hacia el descubrimiento y la acción.

La claridad suele venir acompañada de esperanza, la cual tiene un gran poder de motivación. Napoleón Bonaparte definía al líder como un «mercader de esperanzas». Al esclarecer el resultado de las conversaciones de coaching, el coach ayuda a infundir sensación de esperanza y seguridad en el cliente.

¿Quién decide el objetivo?

Que sea el cliente quien decida los temas de la conversación es una propiedad importante de la filosofía del coaching. La teoría del aprendizaje adulto nos dice que las personas se involucran más en el aprendizaje si pueden escoger el tema y aplicarlo enseguida.[8] El coach accede a esas dos motivaciones pidiendo al cliente que escoja un tema relevante y de aplicación inmediata.

En otros roles de ayuda, el ayudante suele sentarse al volante en un esfuerzo por ofrecer lo que la otra persona necesita. En el coaching, los clientes son considerados expertos en sus propias vidas, por lo que se les encomienda pensar, decidir y actuar. El coach cristiano reconoce la labor del Espíritu Santo y confía en que este guíe al cliente por diversos medios. En lugar de prescribir, aconsejar o enseñar a la otra persona, el coach sabe ayudar al cliente a reflexionar en profundidad y a sacar de sí la manera en que Dios le está guiando.

La libertad de escoger los temas de la conversación es una bocanada de aire fresco para muchas personas con un ministerio o con roles de servicio. Un pastor me escribió haciendo hincapié justamente en esto. Quería decirme lo siguiente:

> «Lo que más valoro del coaching recibido es que pudiera decidir los temas a tratar. Se trató de un diálogo centrado mucho en "mí". Eso puede parecer algo egoísta, sin embargo, como en el ministerio estás siempre dando, valoro mucho una conversación semanal de este tipo. Para mí, el coaching fue una relación en la que yo podía escoger los temas de conversación y determinar de qué era necesario hablar».

¿Qué quieren?

En los evangelios, se narran varios incidentes separados en los que Jesús pregunta específicamente a la gente qué es lo que quiere. Increíble. Teniendo tanto que ofrecer, una percepción tan grande de sus necesidades, aun así permite a esas personas que manifiesten lo que perciben como sus propias necesidades e intereses. Fijémonos en cada uno de los ejemplos.

Dos hombre ciegos gritaron y… «Jesús se detuvo y los llamó: "¿Qué quieren que haga por ustedes?" "Señor, queremos recibir la vista". Jesús se compadeció de ellos y les tocó los ojos. Al instante recobraron la vista y lo siguieron» (Mateo 20.32-34). La petición de los hombres ciegos y la respuesta de Jesús son lo que podemos esperar.

En el caso siguiente, Andrés y otro discípulo piden algo sencillo y posiblemente poco importante. «Jesús se volvió y, al ver que lo seguían, les preguntó: ¿Qué buscan? Rabí (que traducido quiere decir Maestro), ¿dónde te hospedas? Vengan a ver, les contestó Jesús. Ellos fueron, pues, y vieron dónde se hospedaba, y aquel mismo día se quedaron con él. Eran como las cuatro de la tarde» (Juan 1.38-39). Es tentador pensar que sabemos lo que más conviene a la gente y que podemos darles algo «mejor» que lo que nos piden. Podemos pensar: «No, lo que realmente necesita es trabajar en esto...» Jesús no dejó de lado la sencilla petición de Andrés y Pedro. Al contrario, la honró y también a ellos, dándole tanta importancia como ellos le daban.

Jesús estaba siempre dispuesto a escuchar las peticiones y deseos de las personas. Pero si lo que pedían era inapropiado, no se sentía obligado a darlo. La petición de Santiago y la madre de Juan nos da un buen ejemplo: «Entonces la madre de Jacobo y de Juan, junto con ellos, se acercó a Jesús y, arrodillándose, le pidió un favor. "¿Qué quieres?", le preguntó Jesús. "Ordena que en tu reino uno de estos dos hijos míos se siente a tu derecha y el otro a tu izquierda". "No saben lo que están pidiendo", les replicó Jesús. "¿Pueden acaso beber el trago amargo de la copa que yo voy a beber?" "Sí, podemos"» (Mateo 20.20-22).

Seguimos el ejemplo de Jesús cuando preguntamos a la gente lo que quieren y les permitimos manifestar sus preocupaciones y deseos.

Estar en la misma onda

En la televisión europea hay un anuncio que me encanta.[9] La escena se desarrolla en la calle de una ciudad con una fila de coches cubiertos de nieve. Sale de un edificio un ejecutivo de mediana edad, trajeado y con abrigo, y empieza a sacar la nieve de su auto. Se frota, refriega y sacude las manos para entrar en calor. Finalmente y con mucho esfuerzo, logra quitar la nieve del vehículo. Da un paso atrás con cara de satisfacción y le da al botón del control remoto para abrirlo. El coche no se inmuta, pero sí lo hace justo el de al lado del que acaba de limpiar; se le encienden los intermitentes y se le abren las puertas. Poco a poco cae en cuenta de que estuvo sacando la nieve del coche equivocado. Algo similar me ha pasado durante las conversaciones de coaching, más a menudo de lo que me gustaría reconocer. Al empezar la conversación, el cliente menciona algo que a mi me parece un buen tema. Empiezo a hurgar un poco en el problema para desvelar las soluciones, como el hombre que quitaba la nieve del auto, para que al final el cliente me diga: «Gracias. Lo que pasa es que hoy me hubiera gustado que trabajáramos en la preparación de nuestro encuentro anual... pero se nos ha ido el tiempo». El coaching lo hice bien, pero ¡sobre el tema equivocado!

«Lo que parece obvio no siempre se entiende bien».
— Paulo Freire

Es crucial descubrir el tema que el cliente considera más valioso para una conversación de coaching en particular. El coach no lo decide. Ni tampoco da por sentado que el tema vaya a ser una continuación de la conversación anterior. El tema puede ser el paso siguiente de una conversación continuada o algo enteramente nuevo.

El trabajo del coach es sacarle al cliente el tema y aclararlo. A través del diálogo, coach y cliente deciden la mejor manera de utilizar la conversación.

Decidir el objetivo de la conversación

La manera de preguntar a la persona por el objetivo pretendido ya le comunica algo de la conversación que está a punto de establecer. Por ejemplo, si preguntamos «¿De qué le gustaría hablar?», esta pregunta pone de relieve que vamos a *hablar* de algo. El coaching se hace hablando, pero hablar no lo es *todo*. Los amigos hablan, pero el avance no es siempre un resultado importante de una conversación entre amigos.

Comparemos dicha pregunta con esta otra: «¿Qué resultado le gustaría obtener de nuestra conversación?». ¿Qué estamos poniendo aquí de relieve? Exacto, el objetivo. No vamos a *limitarnos a hablar* de algo, sino que vamos a salir de ella con un resultado útil. Estamos empezando pensando en el fin. Estamos creando un destino y un propósito para nuestra conversación siempre conforme a lo verdaderamente importante para el cliente.

Ejemplos de preguntas para determinar el objetivo:

¿Qué le gustaría conseguir con nuestra conversación de hoy?

¿En qué le gustaría trabajar?

¿Qué haría que nuestra conversación de hoy tuviera sentido?

Cada una de estas preguntas cubren varios aspectos cruciales en una conversación de coaching:

- Sientan al cliente al volante para decidir el objetivo de la conversación.
- Dan por sentado que habrá algún tipo de resultado.
- Motivan.

Las palabras «resultado», «trabajar en» y «con sentido», sugieren que habrá un avance, lo cual contrasta con la falta de esperanza que el cliente podía sentir antes de la conversación. Por tanto, la mejor manera de decidir el objetivo de la conversación es sencillamente plantear alguna de esas preguntas.

Detallar el objetivo

Preguntar el objetivo de la conversación es tan solo el primer paso para determinar el resultado final. Lo siguiente es ayudar al cliente a pensar en lo que quiere trabajar y decidir el resultado de la conversación. Por medio del diálogo, coach y cliente conforman el objetivo de modo que sea útil al cliente y que sea posible de alcanzar durante la conversación.

Veamos el siguiente ejemplo en cuanto a cómo aguzar el resultado propuesto por el cliente por medio de unas cuantas preguntas adicionales.

Coach: «¿En qué le gustaría trabajar?».

Cliente: «Quiero crecer en la relación con mi mujer».

Coach: «¡Es un gran tema! ¿De qué aspecto le gustaría hablar y hacer progresos esta semana?».

Cliente: «Me gustaría recuperar la relación que teníamos cuando estábamos recién casados».

Coach: «¿Me podría dar un ejemplo concreto de ese tipo de relación?».

Cliente: «*Claro. Todo era nuevo y fresco. Teníamos tiempo el uno para el otro y nos entusiasmaba el simple hecho de estar juntos. Ya no es lo mismo. Parece que todo lo que hacemos gira en torno a los hijos o a la casa*».

Coach: «Entonces, ¿qué resultado le gustaría obtener de nuestra conversación?».

Cliente: «*Quiero pasar tiempo con mi esposa y centrarnos en nosotros*».

Coach: «Y ¿por qué es tan importante este tema?».

Cliente: «*Me da la sensación de que nos estamos alejando y no me gusta*».

Coach: «¿Cómo se plasmaría el hecho de estar juntos a diferencia de irse alejando?».

Cliente: «*Estaríamos juntos. No solo físicamente, sino mentalmente presentes. Creceríamos más conectados en nuestro interior, de corazón a corazón. Ahora mismo, solo nos repartimos las tareas familiares*».

Coach: «Así que, resumiendo, ¿qué quiere?».

Cliente: «*Me gustaría idear un plan que me ayude a conectarme mental y profundamente con mi mujer*».

Coach: «Perfecto».

En este ejemplo el cliente da dos respuestas generales: «*Quiero crecer en la relación con mi mujer*» y «*me gustaría recuperar la relación que teníamos cuando estábamos recién casados*». Ha costado unas cuantas preguntas desvelar el verdadero objetivo del cliente en cuanto a conectarse con su esposa a un nivel más profundo. Lo más seguro es que no fuera plenamente consciente de que conectarse mental y profundamente fuera su necesidad real. El proceso de coaching revierte una mayor claridad en el cliente. Si el coach no hubiera seguido indagando en el objetivo deseado, la conversación habría derivado en cualquier otro aspecto de su matrimonio y no en el resultado que realmente deseaba el cliente.

Usemos preguntas para explorar, clarificar y enfocar el tema, problema u objetivo del cliente. Cuando este define el resultado que busca a través del diálogo, gana conciencia y claridad sobre el tema aun antes de tratarlo en profundidad. El solo hecho de definir un objetivo suele ser un alivio bienvenido por un cliente agobiado.

Preguntas exploratorias

Las preguntas exploratorias examinan el tema que el cliente quiere tratar para poder entenderlo mejor. No temamos escarbar más allá de la superficie.

Muchas veces los clientes dan un tema que trata acerca de «cómo se hace» algo; como la gestión del tiempo, el control del correo o cualquier otra tarea. Aunque sea un asunto real y acuciante, puede ser más útil pasar del «cómo» de la superficie a un nivel de diálogo más profundo del «ser». Se puede explorar el tema con preguntas como:

- Si pudiera conseguirlo, ¿de qué le serviría?
- ¿Qué hay *en* su interior que le impida hacerlo?

Cuando el cliente averigua lo que le está ocurriendo en su interior, suele solucionar rápidamente la parte del «cómo se hace».

Tampoco es raro que el cliente sugiera un tema que, en realidad, es una solución a un problema u objetivo mayor. Al comprender lo que hay detrás de ese tema en concreto, el coach puede entender las motivaciones, los razonamientos y las premisas del cliente; tres puntos valiosos para explorar. A veces, cuando se va más allá de la estrechez del tema, el coach puede ayudar al cliente a identificar otras maneras de alcanzar el objetivo final. Descubrir y trabajar directamente con el objetivo final le ahorra al cliente tiempo y esfuerzo.

Veamos el ejemplo siguiente:

Coach: ¿Con qué resultado le gustaría salir de esta conversación?

Cliente: Necesito un plan para ahorrar 50.000 dólares.

Coach: Si no es indiscreción, ¿para qué son los 50.000 dólares?

Cliente: Para pagar un máster que quiero hacer.

Coach: Ah, ¿quiere hacer un máster? ¿De qué le serviría?

Cliente: Podría dejar mi trabajo actual y ganar más dinero.

Coach: Entonces, su objetivo final es cambiar de trabajo y ganar más dinero.

Cliente: Sí, eso es. Me da la sensación de que con mi trabajo actual no voy a ninguna parte y quiero dejarlo.

Coach: Un máster le puede ayudar a encontrar un trabajo mejor, pero también implica mucho tiempo y dinero. ¿Está dispuesto a explorar otras maneras de encontrar otro trabajo?

Cliente: Claro.

Con unas cuantas preguntas, el coach ha sacado a relucir el razonamiento, las motivaciones, el objetivo final del cliente y su necesidad de los 50.000 dólares. Es posible que la mejor manera de cambiar de trabajo y ganar más dinero sea sacarse un máster. Al mismo tiempo, hay muchas maneras de acercarse a ese objetivo que no cuestan 50.000 dólares más dos años de estudio. De uno u otro modo, al explorar lo que hay detrás del tema de los

50.000 dólares, coach y cliente han podido esclarecer el verdadero propósito y acercarse al tema de una manera integral.

Ejemplo de preguntas exploratorias:

Detengámonos un momento, ¿qué temas hay detrás de esta situación?

¿Cuál es el contexto más amplio? ¿Qué es lo que quiere conseguir?

¿Qué implicaciones tendría el conseguirlo?

La pregunta «¿qué implicaciones tendría el conseguirlo?» es especialmente útil cuando se trata de destapar y comprender las motivaciones de una persona para hacer algo. Todos los objetivos esconden una serie de motivaciones. Las personas tienden a revelar *lo* que quieren, no *aquello que les motiva* a quererlo; lo cual suele ser en realidad su verdadero deseo. Esclarecer las motivaciones suele revelar el objetivo final del cliente y es una potente herramienta para ayudarle a avanzar.

Preguntas aclaratorias

Todos damos por sentado el significado de las palabras y las frases. A veces nuestras suposiciones son correctas, otras, no. Es mejor preguntar. Después de preguntar, descubriremos si ambos entendemos igual esa frase o palabra. Además, se puede preguntar también sobre las motivaciones. Como en este diálogo:

Coach: ¿Con qué resultado le gustaría terminar la conversación?

Cliente: Me gustaría saber cómo convertir a mi equipo en uno de verdad.

Coach: ¿Qué aspecto tiene un «equipo de verdad»?

Cliente: Tiene un objetivo común y cada miembro juega un papel en su consecución; por lo que termina algo.

Coach: ¿Qué significaría para usted en concreto tener un «equipo de verdad»?

Cliente: Quiero conseguir algo más grande que lo que yo pueda hacer por mí mismo. Y quiero trabajar con otros. Ahora mismo decimos que somos un equipo, pero cada uno va por lo suyo.

Coach: Es decir, está buscando un objetivo común y quiere alcanzarlo por medio del trabajo en equipo. ¿Es eso?

Cliente: Sí, exacto.

Coach: ¿En qué aspecto concreto le gustaría trabajar hoy?

[El diálogo continúa para explorar un poco más el tema y decidir el resultado concreto que se quiere obtener de la conversación.]

Las preguntas aclaratorias nos permiten explorar lo que significan las palabras que usa el cliente. Esas preguntas no solo contribuyen a la comprensión del coach, también aportan una mayor claridad al cliente. La aclaración produce una explicación más clara y directa. Escojamos esas palabras o frases del cliente que nos resulten vagas o cargadas de sentido y pidamos que nos las aclare.

Ejemplo de preguntas aclaratorias:

¿Qué quiere decir «funcionar como un equipo de verdad»?

¿Me podría dar un ejemplo de «comunidad»?

¿Qué es lo que entiende por «tener éxito»?

Preguntas de enfoque

Las preguntas de enfoque ayudan a centrar el tema de coaching para que sea factible tratarlo a lo largo de la conversación e inmediatamente útil para el cliente. No es raro que los clientes planteen un tema muy amplio o vago.

No hay que preocuparse. Hay maneras sencillas de enfocar el tema para que sea manejable. Veamos algunos ejemplos:

Coach: ¿Qué resultado desea obtener de esta conversación?

Cliente: Me gustaría conseguir la paz mundial.

Coach: Es un tema importante. ¿En qué parte le gustaría trabajar hoy?

Cliente: Me gustaría que los cristianos y los musulmanes se llevaran mejor.

Coach: Muy bien. ¿Y qué aspecto de esta relación le sería inmediatamente útil esta semana?

Cliente: Abren un nuevo centro musulmán a unas manzanas de mi casa y las reacciones de mis vecinos me provocan vergüenza ajena. Me gustaría pensar algunas respuestas positivas.

[La conversación puede continuar para clarificar más el tema.]

Está claro que este ejemplo es exagerado, pero sirve para ilustrar unos cuantos puntos. Primero, al coach no le entra el pánico. Se muestra en conformidad con la importancia del tema y hace una pregunta para concretarlo más. Segundo, el coach no da por sentado que lo ha entendido. La paz mundial es un tema inmenso que incluye muchísimas cosas. El coach tiene todas las posibilidades de equivocarse en cualquier suposición que pueda hacer. Pedir al cliente que explique lo que quiere decir es la única manera de asegurarse que comprende lo que lleva en mente. Tercero, el coach no descarta el tema. Hay quien hubiera reaccionado al deseo pacifista del cliente preguntando: «¿Y por qué no trabajamos en algo más práctico?». Pero el coach se involucra en el tema del cliente. Cuarto, no es el coach quien enfoca el tema. Los temas amplios y vagos nos pueden llegar a intimidar. Para muchos, la respuesta natural es tomar el control de la conversación intentando conducirla y ofreciéndole al cliente un par de temas alternos relacionados con la paz mundial. Es mucho mejor preguntar al cliente.

Ejemplo de preguntas de enfoque:

Es un tema muy amplio, ¿en qué aspecto le gustaría centrarse hoy?

¿En qué aspecto del problema le gustaría trabajar ahora mismo?

¿Qué aspecto de este tema le sería más útil trabajar esta semana?

De nuevo, no caigamos en la tentación de dar por sentado que entendemos en qué quiere trabajar el cliente, ni de enfocar nosotros el tema. Al contrario, usemos preguntas para ayudarle a dividir ese tema tan amplio en otros pequeños y decidir cuál es prioritario en la conversación de hoy.

Confirmar el objetivo

Cuanto más claro y concreto se vaya haciendo el resultado esperado, pongamos a prueba nuestra comprensión, pidiéndole al cliente que lo formule de nuevo. O podemos resumirlo nosotros mismos, pero con cuidado de no añadir significados o cosas concretas que el cliente no haya mencionado.

Para que quede claro, ¿podría formular de nuevo lo que quiere conseguir hoy?

Entonces, ¿quiere que la conversación de hoy se centre en esto?

A ver si lo he entendido bien, hoy quiere conseguir X, Y y Z. ¿Correcto?

Verificar el progreso durante la conversación

Preguntar al cliente cuál es el resultado esperado y luego usar preguntas exploratorias, aclaratorias y de enfoque para afinarlo nos da la seguridad de estar trabajando en lo más importante y significativo para el cliente.

Con un resultado claro, la conversación puede pasar a explorar el tema para despertar una mayor concienciación y una perspectiva adicional. Durante esta exploración, podemos recorrer varios caminos. Conocer el objetivo nos permite a ambos determinar con mayor facilidad si la conversación va en la dirección correcta. En cualquier momento de la conversación podemos verificar el progreso en referencia al resultado esperado. Podemos preguntar algo así: «¿Progresa la conversación tal y como se esperaba?».

Ampliar

«No se puede enseñar nada a un hombre. Tan solo ayudarle a descubrirlo por sí mismo».
— Galileo Galilei

Los descubrimientos, las pequeñas y grandes percepciones, son una parte fundamental de la experiencia del coaching y constituyen el objetivo final de la fase de ampliación. Los clientes descubren cosas de sí mismos, de su situación, de su potencial, de sus acciones, de su falta de ellas, de sus premisas, de sus valores... la lista continúa. La emoción del descubrimiento genera nuevos pensamientos, emociones, perspectivas y empeño.

Los coaches facilitan esos descubrimientos y ayudan a los clientes a actuar basándose en sus percepciones. Al irse expandiendo su perspectiva y esclareciendo su situación actual, los clientes ven más opciones para cambiar y actuar. Cuanto mayor es el descubrimiento, mayor es la predisposición a pasar a la acción. En este capítulo aprenderemos a crear preguntas potentes que ayudarán a las personas a reflexionar más en profundidad de lo que hubieran hecho por sí mismas. Aprenderemos a formular interrogantes que eleven su concienciación desde muchas perspectivas distintas y aprenderemos a estimular la percepción generando retroalimentación en lugar de dándola.

Caminos nuevos, perspectivas nuevas

No hace mucho, viajaba por Francia para dar unas charlas, por lo que preparé el GPS [sistema de posicionamiento global] para llegar a una pequeña ciudad al sur del país; tenía que atravesar medio país, ya que me encontraba en las afueras de París. El GPS me llevó por una pequeña carretera que atravesaba campos y pueblos preciosos.

Era bonito, pero el viaje se me estaba alargando más de lo previsto. Cada 15 minutos más o menos, me encontraba atascado detrás de un tractor. Lo intenté todo para ir más deprisa. Adelantaba a los tractores y a todo lo que se me pusiera por delante. En las rectas, corría más. No me paré para nada. Y así continué durante dos horas. Según mi GPS, todavía me quedaban *tres* horas más para llegar a mi destino. Iba a llegar muy tarde, pero ¿qué podía hacer?

Como iba a llegar tarde de todas maneras y todavía me quedaba mucho camino, decidí parar a tomarme un café y un sándwich. Después de ese descanso celestial, puse el coche en marcha de nuevo y el GPS se reinició. Entonces me di cuenta de que había sido configurado previamente para «evitar peajes». Cambié la configuración para incluir las autopistas con peaje, me marcó una nueva ruta y me dio una nueva hora de llegada, a solo cincuenta y ocho minutos. Dos horas menos que por la carretera anterior.

> «*Teniendo ojos, ¿no veis? Teniendo oídos, ¿no oís?*».
> — *Jesús, Marcos 8.18*

Nuestro pensamiento es como la carretera que hemos tomado. Exploramos, reflexionamos, actuamos y ajustamos nuestras acciones; todo según nuestra línea de pensamiento. Después de haber explorado todo lo que podemos, si nos atascamos, buscamos a alguien que nos ayude. Le explicamos la situación, valiéndonos de nuestra línea de pensamiento. La mayoría de las veces, la persona que nos ayuda también sigue nuestra línea de pensamiento; la carretera que les presentamos. Nos ayudan a explorarla más, pero ya está a la vista. Su ayuda puede significar uno o dos pasos más hacia delante, pero seguimos por esa misma vieja carretera.

El cambio se da cuando juntos encontramos nuevas carreteras, sin limitarnos a viajar más rápido y a sortear obstáculos por aquella vieja carretera. Las luchas de la vieja carretera suelen pasar a ser irrelevantes cuando descubrimos una nueva. Como me ocurrió al descubrir la autopista con peaje en Francia; ya no tuve que seguir buscando la manera de sortear los tractores y cruzar los pueblos.

¿Cómo se encuentran otros caminos? Normalmente, no en los lugares en que se nos ha enseñado a buscar.

Información ≠ Respuestas

Es una creencia común que la clave para encontrar respuestas y no quedarnos atascados es disponer de más información y conocimientos. Por eso acudimos a expertos por medio de libros, seminarios, podcasts y blogs, esperando que nos aporten un poco más de conocimiento; la clave para resolver nuestros problemas.

Sin embargo, raramente nos abrimos paso a través del conocimiento, porque contemplar una información adicional desde una misma perspectiva nos mantiene en esa misma carretera.

El método del coaching es distinto. No se centra en la información y el conocimiento, sino en una nueva perspectiva. Un cambio de perspectiva, ver con nuevos ojos lo que ya «conocemos», puede llevarnos a descubrir nuevos caminos. Una visión estrecha tiende a limitar al pensamiento. Cuanto más amplia es la perspectiva, con más acierto ve una persona su situación.

Encontramos nuevos caminos ampliando nuestra perspectiva; viendo el mismo mundo de nuevas maneras, con otros ojos. Desde una nueva perspectiva, descubrimos cosas de nuestra situación y de nosotros mismos. Al perseguir esas nuevas líneas de pensamiento percibimos cosas nuevas. Como resultado, nos encontramos inmediatamente con nuevas opciones de acción significativamente distintas de las anteriores. Pasamos de estar atascados y «haberlo probado todo» a ver muchas nuevas posibilidades y a sentirnos otra vez esperanzados.

> *«El verdadero viaje del descubrimiento*
> *no consiste en buscar nuevos paisajes*
> *sino en verlos con otros ojos».*
> *– Marcel Proust*

Cuando vemos con otros ojos y ganamos una mayor perspectiva, es mucho más posible que descubramos soluciones y superemos situaciones.

El conocimiento es algo del pasado

Como líderes, solemos considerarnos una fuente de conocimiento. Por tanto, enseñamos, decimos o aconsejamos y, de esa manera, traspasamos nuestros conocimientos a otra persona. El proceso de instrucción exige que la otra persona nos escuche expresar nuestros conocimientos. Partimos de que nuestra aportación será clave para resolver el problema de la otra persona o ayudarla a alcanzar su objetivo.

A veces sirve, pero los conocimientos, incluso aquellos que nos han funcionado a nosotros en el pasado, no tienen la capacidad de generar percepciones en la otra persona. Hacemos nuestro aquello que nosotros descubrimos.

No me interpreten mal. Me encanta estudiar lo que ya se ha dicho y hecho sobre un tema. Esa información no tiene precio. Sin embargo, es tan solo un tipo de aprendizaje. Creo que hay un aprendizaje más profundo, que va más allá del conocimiento existente y de cómo lo han aplicado otros. El aprendizaje profundo de hecho crea nuevas ideas, aplicaciones y acciones de las que ni coach ni cliente eran antes conscientes.

Crear algo nuevo exige un pensamiento reflexivo y comprometido. Ahí es donde entran en juego las preguntas potentes. Plantear unas preguntas correctas fomenta la reflexión de una manera más eficaz que limitarnos a proporcionar conocimientos. Las preguntas son la herramienta principal de los coaches en su trabajo con las personas. Las preguntas estimulan el pensamiento, amplían la perspectiva y generan nuevas posibilidades de acción.

Veamos qué diferencia hay entre el conocimiento y las preguntas:

El conocimiento es el pasado;
las preguntas son el futuro.

El conocimiento es estático;
las preguntas son dinámicas.

El conocimiento es rígido;
las preguntas son flexibles.

El conocimiento limita las opciones;
las preguntas crean posibilidades.

El conocimiento requiere adaptación;
las preguntas piden innovación.

El conocimiento es un lugar;
las preguntas son un viaje.

El conocimiento puede ser superior;
las preguntas exigen humildad.

El conocimiento sabe;
las preguntas aprenden.

Preguntas potentes y perspectiva

Unas preguntas potentes son las herramientas que ayudan a los clientes a descubrir nuevos caminos y a encontrar respuestas. Mucha gente no es reflexiva por naturaleza; por otro lado, todos tenemos una perspectiva limitada. Los coaches estimulan e incluso *provocan* la reflexión por medio de unas preguntas que hacen pensar al cliente con más profundidad que lo que haría por sí solo.

Pero, ¿por qué hay que hacer preguntas? ¿No es más rápido limitarnos a contar nuestras ideas y a compartir nuestra experiencia? ¿Por qué no dar sencillamente la respuesta?

Lyle Schaller es un nombre que quizás no conozcan, pero hizo por la consultoría de iglesias y denominaciones lo que Peter Drucker hizo por las corporaciones. De hecho, eran amigos. Schaller se centró en llevar el cambio a las organizaciones y creía en el poder de las preguntas.

Escribió: «La manera más eficaz de influir en el comportamiento individual e institucional es hacer preguntas».[10] Esta enérgica declaración va en dirección contraria a las prácticas comunes de liderazgo. Muchos de nosotros actuamos como si instruyendo, recordando, inspirando, predicando, convenciendo, encargando o anunciando, fuéramos a cambiar la conducta de los demás. Los años de experiencia en consultoría en más de sesenta denominaciones, han proporcionado a Schaller amplias oportunidades de probar estos métodos, pero ha concluido que las preguntas son el más eficaz. Él decía: «El cambio es el nombre del juego y las preguntas son ¡el corazón de dicho juego!».[11]

¿De qué manera generan las preguntas un cambio? Según la educadora de adultos Jane Vella, «las preguntas abiertas son la única práctica segura que invita al pensamiento crítico y al aprendizaje eficaz».[12] Los adultos aprenden mejor a través del diálogo y las preguntas lo fomentan. El pensamiento crítico o analítico es una manera franca, no defensiva de examinar un tema. Vella descubrió que se consigue reflexionar mejor a través del diálogo. Dialogar es elegir un tema y examinarlo desde lados distintos. Las preguntas abiertas permiten ver el tema de maneras nuevas, produciéndose descubrimientos y, por tanto, aprendizaje.

¿Cómo hacer preguntas potentes?

Una de las preguntas que más surgen en los talleres de coaching es: «¿Cómo hago una pregunta potente?». Estaría bien disponer de toda una serie de preguntas que destaparan automáticamente la perspectiva y las percepciones de los demás. Desafortunadamente, hay pocas preguntas «mágicas». ¡Y las potentes no son tan fáciles de encontrar!

«Como aguas profundas es el consejo en el corazón del hombre, y el hombre de entendimiento lo sacará». Proverbios 20.5.

Las preguntas potentes surgen al *escuchar* en profundidad y al *implicarnos* con la persona. Lo que da poder a una pregunta es su capacidad de provocar a reflexión. Muchos de nosotros estamos acostumbrados a contarle a la gente nuestras propias reflexiones pero no a hacer aflorar las suyas. Para plantear preguntas potentes, es bueno tener tres principios en mente.

1. ¿El cliente o yo?
   ¿A quién beneficia esta pregunta, al cliente o a mí?

2. ¿Hacia adelante o hacia atrás?
   ¿Es una pregunta centrada en el pasado o mira hacia adelante?

3. ¿Construir o corregir?
   ¿Pretende corregir al cliente o le ayuda a crecer?

¿El cliente o yo?

Las preguntas potentes son en beneficio de otra persona. No de quien las plantea. Son preguntas basadas en los temas del cliente, no del coach. Hemos visto en el capítulo anterior que el objetivo de la conversación surgirá del cliente, pero es posible que el coach secuestre los temas de conversación cuando está en la fase de ampliar.

Esto puede ocurrir si el coach plantea preguntas en beneficio propio y no del cliente. Es un problema que se origina en la mentalidad del coach. Si este se considera a sí mismo como proveedor de soluciones, entonces debe conocer todos los detalles de la situación para poder proporcionar una solución útil.

Por ejemplo, si el tema es un conflicto, el coach proveedor de soluciones tendrá que escuchar todos los detalles para poder aconsejar una posible solución al conflicto. ¿Quién conoce esos detalles? El cliente. ¿Quién no? El coach. Sin embargo, si el coach se ve a sí mismo como alguien que ayuda al cliente a reflexionar para encontrar sus propias soluciones, no necesitará saber muchos detalles del conflicto. El coach se centra en el proceso de resolución del conflicto haciendo preguntas potentes.

Pregunta centrada en el coach: Cuéntame el conflicto. (El cliente ya conoce el conflicto, por tanto la pregunta es en beneficio del coach.)

Pregunta centrada en el cliente: ¿Cuál sería una resolución excelente de este conflicto?

¿Hacia adelante o hacia atrás?

Las preguntas potentes miran hacia delante, no hacia atrás. Este principio se construye sobre el anterior; si el coach no está proporcionando soluciones, tampoco necesita saber demasiado del contexto. El cliente ya conoce el trasfondo. Otros estilos de ayuda dedican el grueso de la conversación a tratar todos los detalles y el contexto de la situación. El historial puede ser interesante, pero es una práctica que suele contribuir poco al objetivo de obtener nuevas perspectivas y percepciones.

Una de las diferencias clave entre terapia y coaching es que el consejero o terapeuta intenta encontrar cuestiones del pasado de la persona que le impiden avanzar en la vida. Se vale de herramientas y técnicas especiales para comprender dichas cuestiones y poder superarlas y zanjarlas. Aunque muchas de las técnicas de diálogo que usan consejeros y coaches son las mismas, el coaching empieza en el presente y está orientado al futuro. En principio, los clientes están sicológicamente y emocionalmente sanos y quieren avanzar. Si sospechamos que un cliente sufre un trastorno sicológico como una depresión, adicción, trastorno de la alimentación o tendencias suicidas, hay que enviarle a un consejero o terapeuta calificado que le pueda prestar la ayuda que necesita.

Eso no quiere decir que el coach nunca haga preguntas sobre el pasado. A veces es muy productivo ayudar al cliente a conectar su experiencia pasada con su situación actual. La cuestión es que necesitamos saber muchos menos detalles de la situación del cliente de los que nos pensamos, así que centrémonos en hacer preguntas que miran hacia adelante.

> **Pregunta que mira hacia atrás:** ¿Por qué lo organizó así? (El coach quiere la historia, pero quizás no sea necesaria.)

> **Pregunta que mira hacia adelante:** ¿Qué intuye sobre el enfoque que debe darle al asunto?

¿Construir o corregir?

Las preguntas potentes fomentan el descubrimiento enfocado en la acción y no son un intento sutil de corregir al cliente. Por muy imparciales que intentemos ser, siempre haremos juicios mentales sobre la situación del cliente. Estos juicios pueden filtrarse en forma de preguntas que esperamos que ayuden al cliente a darse cuenta de sus errores. Este tipo de preguntas pretenden «ampliar su concienciación» y corregir al cliente.

Este enfoque tiene un par de problemas. Se puede perder fácilmente la confianza del cliente si este tiene la sensación de que es juzgado. La reacción natural del cliente es cerrarse, ponerse a la defensiva y justificar sus acciones. También se puede sentir manipulado. Considerará nuestras preguntas como un intento de «arreglarlo» y no como una indagación honesta. Algunos clientes incluso pueden creer que tenemos la respuesta y se la estamos escondiendo. Eso no fomenta ni la confianza ni el descubrimiento de uno mismo.

No enfoquemos las preguntas en corregir al cliente, sino en aquello que le sea constructivo. Durante la conversación de coaching, el cliente crece en comprensión, perspectiva, opciones, soluciones y acciones.

Pregunta correctiva: ¿Por qué no lo ha delegado en alguien? (El coach está pensando: «Deberías haberlo delegado hace tiempo».)

Pregunta constructiva: ¿Qué ayuda necesita de ahora en adelante? (El simple uso del término «delegar» ya suena como mínimo a sugerencia, si no a juicio. Quedémonos con el término «ayudar» y veamos qué se le ocurre al cliente.)

Pasar de nuestras ideas a las suyas

Todos tenemos ideas. Según el dicho: «Las ideas son como los niños. Los de los demás son bonitos, pero los nuestros son siempre mejores». Y lo mismo ocurre con los coaches. Nos gustan nuestras ideas. Para nosotros tienen sentido y nos pensamos que al cliente le serán útiles.

Entonces, ¿qué hacemos con las ideas que nos vienen a la mente durante la conversación de coaching? Veamos cómo se suelen expresar.

- Yo en su lugar, le pediría ayuda a Susana.
- Debería pedir a Susana que le ayude.
- Si tiene vista, le pedirá ayuda a Susana.
- Susana es muy capaz, ¿por qué no le pide ayuda?

Estos ejemplos en cuanto a expresar una idea tienen muchos inconvenientes. «Yo en su lugar»... El cliente puede que piense: «Es que yo no soy usted». «Debería» o «Le pediría» o «Si tiene vista...» son todo órdenes y si la persona no responde positivamente a la idea, se siente juzgada. El último de los cuatro ejemplos anteriores por lo menos ofrece un poco de razonamiento y toma en consideración la opinión del cliente. Sin embargo, el mayor problema de estas sugerencias es que son ideas del coach y no se han obtenido a partir de los recursos propios del cliente.

> «La transformación se produce en mayor grado gracias a la indagación con preguntas profundas que a la búsqueda de respuestas prácticas».
> — Peter Block[13]

En algunos roles de ayuda, se considera una función normal la de expresar nuestras ideas a la otra persona. Sin embargo, el método del coaching consiste en hacer aflorar las ideas y los recursos del cliente, ayudándole a reflexionar en el mérito y la aplicación de dichas ideas. Que sea el cliente quien genere sus propias ideas es un procedimiento clave.

El propósito de dar una idea es ayudar al cliente a encontrar una solución. Cuando damos una solución creamos un cortocircuito en el proceso reflexivo que equipa al cliente para encontrar sus propias soluciones. Según reza la parábola, le estamos dando el pescado en lugar de enseñarle a pescar.

Preguntas según «mi idea»

Podemos valernos de preguntas y, aun así, seguir expresando nuestras propias ideas. Echemos una ojeada a los siguientes ejemplos:

- ¿Piensa pedir dinero para hacer esto?
- ¿Podría ayudarle Susana?
- ¿Y por qué no pide un ordenador nuevo?
- ¿Cómo aprende? ¿Leyendo libros o hablando con la gente?

Este tipo de preguntas están centradas en nuestras ideas. Son un vehículo para nuestras propias ideas y sugerencias. Es la pregunta más fácil de hacer porque básicamente estamos dando un consejo en forma de pregunta. Estas preguntas centradas en «nuestras ideas» surgen directamente de nuestra propia perspectiva de las soluciones o de los pasos que hay que dar.

Este tipo de preguntas limitan la reflexión del cliente porque debe responder sí o no a la pregunta del coach. En el caso de las preguntas que llevan un «o», damos a elegir al cliente entre dos ideas, pero ambas surgen del coach. Las preguntas potentes hacen reflexionar a la otra persona. Las preguntas centradas en «mi idea» no generan este tipo de reflexión profunda y creativa.

La alternativa es hacer preguntas abiertas. La respuesta a una pregunta abierta puede ir en cientos de direcciones distintas. Este tipo de preguntas exigen al coach que ceda el control de la conversación y que esté dispuesto a ir a donde le lleven el Espíritu Santo y el cliente. Esta falta de control puede asustar al coach.

Abramos las preguntas

Las ideas no se nos van a ir de la cabeza, por tanto usémoslas. Pero en lugar de usarlas con preguntas con las que mostramos nuestra idea, usémoslas para crear preguntas abiertas. Estas nos ayudarán a pasar de plantear preguntas a explorarlas.

La técnica para crear preguntas abiertas implica ampliar nuestra idea hasta el tema de raíz o categoría. Al preguntar sobre la categoría más amplia, animamos al cliente a reflexionar y encontrar su propia respuesta. Se puede hacer de la siguiente manera:

A la mayoría de la gente, de repente nos viene a la mente una idea concreta, una sugerencia o una instrucción. Si con esa idea, creamos directamente una pregunta, la misma será una manera de exponerla. Veamos un ejemplo. Durante una conversación sobre la compra de un terreno para un ministerio, el coach pregunta: «¿Piensa pedir un préstamo para la compra?». ¿Cuántas opciones hay? Una. ¿De quién es la idea de pedir un préstamo? Del coach. El coach está utilizando la pregunta para dar su idea, sugerencia o sencillamente una respuesta disfrazada de pregunta. «Pedir un préstamo» es una idea demasiado específica como para hacer reflexionar al cliente.

En lugar de eso, hay que trasladar la idea a una categoría más amplia de la que forme parte y preguntar acerca de ese tema. En este ejemplo, la idea es «pedir un préstamo». Por tanto, la retiramos de momento y la ampliamos hasta ver de qué tema o categoría forma parte. La categoría o tema que hay detrás de «pedir un préstamo» es en realidad cómo *financiarse*, así que podemos preguntar: «¿Qué planes tiene para *financiar* la compra?». ¿Cuántas opciones nos da esta pregunta? Muchas. ¿Quién da las opciones? El cliente. Eso es una pregunta abierta.

Probemos con otro ejemplo. En lugar de preguntar «¿Podría ayudarle Susana?». Mejor preguntar: «¿Quién podría ayudarle?». El cliente pasa inmediatamente de tener una sola posibilidad (Susana) a una multitud de posibilidades (cualquier otra persona). Veamos más ejemplos:

> Pregunta según «mi idea»: Tengo un libro muy bueno sobre el trabajo en equipo, ¿le gustaría leerlo?
> Pregunta abierta: ¿Cómo podría aprender más sobre el trabajo en equipo?
>
> Pregunta según «mi idea»: ¿Ha pensado en despedirle?
> Pregunta abierta: ¿Qué opciones ve con él en el trabajo?
>
> Pregunta según «mi idea»: ¿Es impartir visión el siguiente paso con el equipo?
> Pregunta abierta: ¿Cuáles serían los siguientes pasos que se podrían dar con el equipo?

Pregunta según «mi idea»: ¿Podría ayudarle algún miembro del equipo?
Pregunta abierta: ¿Quién le podría ayudar?

Pregunta según «mi idea»: ¿Cómo aprende mejor: leyendo libros o hablando con la gente?
Pregunta abierta: ¿Cómo prefiere aprender cosas nuevas?

Tanto las preguntas según mi idea como las abiertas siguen un patrón. Normalmente, una pregunta según mi idea se vale de palabras en infinitivo y condicional, por ejemplo, mientras que las preguntas abiertas suelen empezar con qué o cómo. La Tabla 2 contiene una lista de palabras con las que suelen empezar ambos tipos de preguntas.

Tabla 2

PALABRAS TÍPICAS EN LAS PREGUNTAS SEGÚN MI IDEA Y LAS PREGUNTAS ABIERTAS	
Preguntas según mi idea	**Preguntas abiertas**
• ¿Haría...?	• ¿Qué...?
• ¿Podría...?	• ¿Cómo...?
• ¿Va a...?	• ¿Quién...?
• ¿Piensa...?	• ¿Dónde...?
• ¿Tiene...?	• ¿Cuándo...?
• ¿Ha pensado en...?	• ¿De qué maneras...?

Hacer preguntas desde ángulos distintos

Una manera segura de ayudar a las personas a descubrir nuevos caminos y ampliar su perspectiva es hacer preguntas desde distintos ángulos. Los ángulos son las perspectivas, enfoques o los caminos por los que discurre nuestro pensamiento. Si este se queda en el mismo camino, las soluciones se limitarán a las que dicho camino ofrezca. Sin embargo, hay muchos caminos (muchas maneras de pensar sobre algo) y otras tantas perspectivas.

Cuando el cliente nos explica su situación, lo más natural es verla inmediatamente desde dos ópticas; la nuestra y la del cliente. Es fácil quedarse atascado en *cualquiera* de los dos caminos; en cualquiera de las perspectivas. Pero, el coach puede hacer preguntas desde distintos planos; o lo que llamamos ángulos. Los ángulos son similares al tema o categoría que hemos utilizado antes con las preguntas abiertas. Algunos ángulos comunes que se pueden explorar son: el de las relaciones, el del dinero, el de las motivaciones, el de la organización, el espiritual, etc.

He aquí un ejemplo. Fred era el director nacional de una gran organización humanitaria. Cierta vez me contó un conflicto que tenía con otro de los directores. Me describió el conflicto como un ataque personal del otro dirigente. Me contó que jamás se había llevado bien con él, que era un arrogante y un interesado. Al explorar la perspectiva del cliente, no conseguíamos encontrar a qué asirnos para actuar. Estaba atascado y era incapaz de avanzar.

Entonces miramos el conflicto desde el punto de vista de la cultura organizativa.

Le pregunté:

—¿Cómo puede estar afectando la cultura organizativa a su relación?

—No veo que pueda tener ninguna relación ya que nuestra organización faculta a las personas, y la estructura es plana y descentralizada —dijo.

—¿Cómo se comporta un dirigente con facultades y descentralizado?, —indagué.

—De manera independiente —me respondió.

—¿Y cómo se está comportando su colega? —seguí.

—De manera independiente... todos lo hacemos. Pero estoy intentando trabajar con él y me dijo que él también quería. Esta es una de las cosas más difíciles en mi organización; no trabajamos juntos.

—Entonces, me está diciendo que es muy raro que los dirigentes de su organización colaboren entre ellos, ¿no es así?

—Sí.

—Por tanto, ¿cómo puede estar agravando el conflicto este aspecto de su cultura corporativa?

—De hecho, no es que se comporte muy distinto de todos los demás, pero me esperaba que podríamos colaborar y me dijo que a él también le gustaría. Pero nuestra organización no tiene un buen historial de este tipo de colaboraciones.

—Siga.

—Bien, veo que no es una cosa solo suya y mía. Estamos intentando nadar contracorriente por nuestra cultura organizativa. Yo tenía demasiadas expectativas, quizás irrealistas, y posiblemente él también.

—Con la cultura corporativa en mente, ¿cómo puede pensar de manera distinta en este dirigente y en sus expectativas de colaboración?

—Sigo esperando que cumpla su palabra. Pero también soy consciente de que tenemos en contra la historia de nuestra organización. No debería tomarme de forma tan personal su falta de acción, las acciones que veo como interesadas y arrogantes se podrían interpretar como que se limitan a lo suyo; como todos los demás. Hay una gran diferencia entre una buena idea o algo que «deberíamos» hacer y algo lo suficientemente estratégico como para que superemos nuestros hábitos personales y nuestra cultura organizativa.

—Son unas observaciones muy útiles.

Cambiando de ángulo otra vez, le pregunté:

—Si piensa en la personalidad de cada uno de ustedes, ¿cómo les pueden estar afectando las diferentes personalidades?

Hacer preguntas desde distintos ángulos permite al cliente reflexionar en su situación desde distintas perspectivas. Suelo usar mucho este tipo de preguntas. A veces tengo el presentimiento de que vamos a obtener algo explorando cierto ángulo. Otras veces, planteo la pregunta solo para ver qué nuevas reflexiones puede provocar. El objetivo es elevar el grado de concienciación y ampliar la perspectiva del cliente.

Si hacemos una pregunta desde un ángulo que no surte el efecto deseado, es decir, que no tiene relevancia para el cliente, no pasa nada, continuamos. La clave es hacer salir al cliente del camino por el que ha estado circulando (su propia perspectiva) y ayudarle a explorar caminos alternos. Algunos serán callejones sin salida; tendremos que darnos la vuelta y tomar otra dirección. Otros son como vías de acceso rápido a la autopista que transporta rápidamente a otro lugar el pensamiento del cliente.

Veinticinco ángulos

Los ángulos son distintas perspectivas para abordar una situación.

1. Relacional: ¿Cuál es la dinámica de las relaciones?
2. Trasfondo: Dé un paso atrás por un momento, ¿cuáles son los temas subyacentes?
3. Espiritual: ¿Qué ve desde la perspectiva espiritual?
4. Cultural: ¿Qué papel puede estar jugando la cultura en esta situación?
5. Personalidad: ¿Cómo puede estar influyendo la personalidad (la suya o la de otros)?
6. Económica: Si el dinero no fuera un problema, ¿cómo cambiaría la situación?

7. Emociones: ¿Qué papel juegan las emociones en esta situación?
8. Intuición: ¿Qué le dice la intuición?
9. Información: ¿Qué información adicional necesita?
10. Personas: ¿Quién podría darle una perspectiva distinta?
11. Organizativa: ¿Cómo puede estar influyendo su cultura organizativa?
12. Entorno: ¿Qué cosas de su entorno le están frenando?
13. Comunidad: ¿De qué maneras nota la influencia de su comunidad?
14. Valores: ¿Cuál de sus valores está intentando honrar en esta situación?
15. Llamamiento: ¿Qué relación tiene esto con su llamamiento?
16. Cónyuge: ¿Qué piensa su cónyuge de esta situación?
17. Familia: ¿Cómo está afectando a su familia?
18. Jefe: ¿Dónde encaja aquí su jefe?
19. Experiencia: ¿Cómo ha manejado una situación así en el pasado?
20. Prioridad: ¿Qué importancia tiene este asunto para usted?
21. Motivación: ¿Qué significaría para usted personalmente el superar esta situación?
22. Pérdida: ¿De qué debe desprenderse para poder avanzar?
23. Tiempo: ¿Qué cambiaría si dispusiera de tres días, meses o años?
24. Energía: ¿Qué aspectos de todo esto le dan energía?
25. Jesús: ¿Qué haría Jesús?[14]

Concienciación por medio del feedback

Otra manera de elevar el grado de concienciación es dar feedback al cliente. El objetivo del feedback es proporcionar una información útil que ayude a la persona a mejorar y a desarrollarse. Esa información puede reforzar conductas positivas o señalar puntos ciegos. El feedback refuerza y corrige por naturaleza.

Sin embargo, todo feedback no es recibido de igual manera. Hay todo un mundo de diferencia entre el feedback positivo (reconocimiento y ánimo) y el correctivo. Afrontémoslo, a *nadie* le gusta escuchar un feedback crítico.

El mayor obstáculo al feedback correctivo son las defensas de la persona. Hay que hacerlas bajar para que pueda evaluar un tanto objetivamente lo que se le dice.

Para ayudar a digerir el feedback, nos valemos de trucos como el «sándwich de feedback». Se trata de intercalar el feedback crítico entre dos comentarios positivos. O el feedback de 3 + 1, en que hacemos tres comentarios positivos primero de modo que se preparen para el correctivo. Tengo un amigo que me contó su experiencia desde el otro lado. La conversación fue algo así:

—Berta, hoy has dirigido muy bien el grupo —le dijo su colega Pablo.

—Gracias —contestó ella; sintiéndose muy animada.

—Has conseguido hacer participar a los más callados —siguió Pablo. En la mente de Berta empezaron a sonar suavemente las señales de alarma—. Ya van dos cumplidos seguidos —pensó—, si llega un tercero, la hemos fastidiado.

Pablo siguió:

—Además, me gusta que nos hayas animado a dar pasos prácticos.

Tres. ¡Lo sabía! Ahora vendría algo negativo. Notaba que se le aceleraba el corazón, le sudaba la cara y empezó a descartar mentalmente lo que le iba a decir; incluso antes de escucharlo. «Es gracioso», pensó, «después del primer cumplido no me he puesto en absoluto a la defensiva».

Él continuó:

—¿Te importa si te doy algo de feedback...?

—En absoluto —es lo que toca decir, ¿no?

—Llevas ya casi un año y todavía diriges toda la reunión. Hay otras personas, como Jaime, que son muy capaces y quizás se sentirían reforzados si les encargaras alguna parte.

«¿Jaime?», pensó Berta, «¿Por qué estás siempre promocionando a Jaime? De todas maneras, no hacíamos más que perder el tiempo hasta que me puse al frente y empecé a llevar yo las reuniones. Ahora terminamos las cosas. No estoy dispuesta a sacrificar esto tan solo para que tu amigo Jaime pueda tener su momento de fama».

Pero lo que dijo fue:

—Gracias, lo tendré en cuenta.

Casi todos nos ponemos a la defensiva cuando tenemos que hacer frente a un feedback crítico; ¡lo que pasa es que algunos lo disimulan mejor! Así que, ¿cómo podemos dar un feedback que la gente quiera escuchar? La respuesta es sencilla. No lo demos.

Ampliar *sin* dar feedback

Sir John Whitmore, un ex piloto que ahora se dedica al coaching con ejecutivos y deportistas profesionales, opina distinto sobre el lugar donde debería originarse el feedback. Él escribe: «Generar un feedback relevante y de alta calidad, que proceda todo lo posible de la propia persona y no de los expertos, es algo esencial para una mejoría continuada en el trabajo, en el deporte y en todos los aspectos de la vida».[15]

«Generar» no es el término que solemos utilizar para describir el proceso de feedback. Solemos «dar» feedback, lo cual suele provocar una actitud a la defensiva. Whitmore sugiere que el feedback debe generarlo el cliente, no los expertos; ni nosotros, ni nadie. ¿Cómo podemos conseguir que el cliente genere feedback? ¡A través de las preguntas!

Podemos hacer que el cliente genere su propio feedback por medio de un sencillo proceso de tres pasos.

1. ¿Qué ha hecho bien?
Preguntar al cliente qué ha hecho bien. Explorar las conductas y resultados. Reforzar las conductas positivas.

2. ¿Qué podría mejorar?
Preguntar al cliente de qué manera piensa que podría mejorar. Hablar de cuál puede ser la mejora y qué resultados puede esperar.

3. ¿Qué haría distinto la próxima vez?
Generar posibles alternativas futuras. Decidir cómo hacerlo la próxima vez.

Veamos cómo hubieran ido las cosas si Pablo hubiese hecho generar el feedback a Berta en lugar de dárselo. Valiéndonos del proceso de tres pasos para generar feedback, imaginemos cómo podría Pablo haber guiado a Berta en la reflexión sobre la reunión que había dirigido y cómo podría mejorar en el futuro.

—Berta, muy bien la reunión de hoy —empieza Pablo.
—Gracias —contesta Berta.
—¿Le parece bien que la comentemos un minuto? —propone Pablo.
—Claro.

—¿Qué piensa que ha hecho bien?
—He conseguido que no nos salgamos del tema.
—Ya lo he notado. Buen trabajo. ¿Qué más?
—Hoy hemos llegado a los pasos prácticos, lo cual es una mejora.
—¿Cómo lo ha conseguido?
—He estado haciendo hincapié en que fueran todos concretos y se ciñeran al qué, a quién y a cuándo.
—Es verdad. Animar así a la gente y luego no seguir sin haber decidido los pasos prácticos ha sido un gran avance.
—Gracias.
—¿Hay algo más que le gustaría mejorar?
—Mi objetivo para esta última reunión era asegurarme de que decidiéramos los pasos prácticos...
—Pues lo ha conseguido.
—También he pensado que me gustaría que otras personas llevaran la reunión conmigo.
—¿Qué quiere decir?
—Pues que ahora yo planifico la reunión y también la dirijo. Me gustaría que alguien más se ocupara de una parte.
—¿Cómo lo hará?
—Quizás Diana podría dirigir el grupo de manera más creativa. Es buena para estas cosas. La semana que viene tenemos que trabajar en dos temas. Yo podría hacer un esquema de los temas y Diana podría dirigir el coloquio y generar así algunas opciones.
—Parece bien. ¿Lo hará la semana que viene?
—Sí, hablaré con Diana dentro de un rato.
—Bien, de nuevo, debo decirle que lo ha hecho muy bien.

Encontrar caminos nuevos

Empezamos este capítulo comparando nuestra línea de pensamiento con una carretera. No todas las carreteras nos llevan a donde queremos ir. Demasiado a menudo nos quedamos por la que nos resulta cómoda. A través de las conversaciones de coaching podemos ayudar a la gente a ganar perspectiva, encontrar nuevos caminos, hacer descubrimientos y hallar sus propias ideas.

Si el coach hace preguntas abiertas y no según su idea, el cliente tiene la libertad de explorar sin verse limitado por las ideas del coach. Las preguntas planteadas desde ángulos distintos ayudan a explorar en nuevas direcciones. Cada ángulo es como un nuevo camino lleno de perspectivas y descubrimientos. Finalmente, al generar feedback en lugar de darlo, podemos contribuir a que la persona reflexione de manera más profunda en sus acciones, sin tener que ponerse a la defensiva como suele pasar con el feedback externo.

Los nuevos caminos, los descubrimientos y la mayor perspectiva vienen acompañados de nuevas opciones para la acción. El lento avance por la vieja carretera queda atrás y en su lugar aparecen nuevos caminos con todo tipo de posibilidades de acción y aplicación. Y ahí se dirige ahora la conversación de coaching: a la acción y la aplicación.

Concretar

«Saber una cosa no es difícil; lo difícil es saber hacer uso de ella».
— Han Fei Tzu[16]

«Cuando falta el consejo, fracasan los planes...» escribió el sabio (Proverbios 15.22). Eso era cierto hace tres mil años y lo sigue siendo hoy. Pero hay muchas maneras de aconsejar. Los coaches ayudan a las personas a generar múltiples opciones y a entender con más claridad el posible resultado y las consecuencias de cada opción disponible. Este proceso ayuda al cliente a pasar a la acción.

La reflexión y el coloquio no son fines en sí mismos. La reflexión debe ir más allá de unos pensamientos apasionados y de unas percepciones ingeniosas; hay que pasar a la aplicación. Los pasos prácticos ponen pies a las percepciones y los descubrimientos y ayudar a la gente a pasar a la acción es una de las funciones clave del coach. Sin pasos prácticos, los descubrimientos y las percepciones se quedan en buenas ideas.

Ayudar con los pasos prácticos es relativamente fácil si se ha hecho bien la fase de ampliar. Las ideas prácticas fluyen de manera natural gracias a la concienciación y las nuevas perspectivas. Los coaches ayudan a las personas a crear unos pasos prácticos por medio de las técnicas conversacionales: el saber escuchar y unas preguntas potentes. El coach es responsable del proceso de generación de pasos prácticos, pero no de darlos ni de dar «deberes" al cliente.

El coaching ayuda a los clientes a crear unos pasos prácticos que los acercarán a su objetivo. Es responsabilidad absoluta del cliente decidir cada paso práctico, pero el coach, por medio del diálogo, plantea preguntas aclaratorias sobre el paso práctico en concreto, cómo lo llevará a cabo y si el margen de tiempo es adecuado. El buen coaching mantiene el equilibrio entre la ambición (o la falta de ella) y la planificación práctica. Todo ello resulta en un mayor avance.

Tras la reflexión…

Si ponemos a hervir agua de mar en una olla hasta que se evapore totalmente, nos quedaremos con la sal. Si hacemos hervir la práctica del coaching hasta que solo queden sus elementos esenciales, nos encontraremos con la reflexión y la aplicación. La reflexión conducirá al cliente a unas percepciones importantes, las cuales le conducirán a una aplicación en forma de pasos prácticos. Estos elementos esenciales siguen el ciclo acción reflexión.

Los coaches se valen de la escucha activa y de las preguntas potentes para ayudar a las personas a explorar sus propios corazones y a reflexionar en sus situaciones. Este proceso da luz, amplía la perspectiva y proporciona nuevos momentos tipo «¡ajá!» u «¡oh, no!». Momentos que emocionan porque disipan las nubes de la confusión y el alivio entra como el sol; dando al cliente una esperanza nueva. Para que esta esperanza se haga realidad, la persona debe poner en práctica sus percepciones; y eso puede ser un trabajo duro.

Permanecer en el mundo intangible de la teoría y de las ideas es seguro. Puede ser muy acogedor rodearse del misterio espiritual de la reflexión y las percepciones. Para actuar conforme a estas, debemos descender de la cumbre de la reflexión y arriesgarnos a usar nuestras ideas y percepciones en el mundo real.

Es fácil detenerse y quedarse satisfecho con una nueva percepción o un cambio de perspectiva. Los buenos pensamientos seguidos de la falta de acción no son nada nuevo. El Señor criticó a Israel por eso mismo: «Y se te acercan en masa, y se sientan delante de ti y escuchan tus palabras, pero luego no las practican» (Ezequiel 33.31). Es más fácil seguir haciendo lo que hacíamos antes que hacer lo necesario para cambiar.

La tensión entre la reflexión y la acción es un problema ancestral, del que también trata la Biblia. El Libro de Santiago retrata la fe (nuestras creencias, ideales y valores) reñida con su *puesta en práctica*. Santiago aboga por la fe en acción en el capítulo 2, versículos 14 a 26:

- «... la fe por sí sola, si no tiene obras, está muerta».
- «... yo te mostraré la fe por mis obras».
- «Su fe y sus obras actuaban conjuntamente, y su fe llegó a la perfección por las obras que hizo».

Fe y obras (percepciones y pasos prácticos) no se excluyen mutuamente. La relación es simbiótica. Las percepciones producen acciones. Las acciones completan las percepciones. La fe que no actúa solo es una fe en potencia que, según Santiago, está muerta.

> *«Nuestro pensamiento no provoca una nueva manera de actuar, nuestra actuación sí provoca una nueva manera de pensar».*
> – *Bossidy, Charan y Burck en* Execution.

Jesús nos animaba a aplicar sus enseñanzas: «Por tanto, todo el que me oye estas palabras y las pone en práctica es como un hombre prudente que construyó su casa sobre la roca» (Mateo 7.24). También lo hacía Pablo cuando escribía: «Pongan en práctica lo que de mí han aprendido, recibido y oído, y lo que han visto de mí, y el Dios de paz estará con ustedes» (Filipenses 4.9).

El origen de los pasos prácticos

Pocos cristianos se cuestionan el papel que juega el Espíritu Santo en el proceso de reflexión y las percepciones que da. El mismo Espíritu Santo es el origen de los pasos prácticos. Veamos Filipenses 2.13: «Pues Dios es quien produce en ustedes tanto el querer como el hacer para que se cumpla su buena voluntad». Dios pone la voluntad en las personas (el deseo y la motivación) así como la capacidad de actuar. Él es el origen de los pasos prácticos: esas acciones que completan las percepciones que nos da cuando reflexionamos.

Los pasos prácticos son una manera muy poderosa que tiene la gente de vivir su llamamiento. Usamos el mismo proceso de descubrimiento espiritual que en la fase de ampliar para generar unos pasos prácticos guiados por el Espíritu y con el propósito de vivir según lo percibido. Las percepciones sin los pasos prácticos se quedan a medias. El propósito y deseo de Dios es que completemos las percepciones poniéndolas en acción.

Anatomía de un paso práctico

Los pasos prácticos son las transiciones del pensamiento y la percepción a la acción y la aplicación. En lo que queda de capítulo, les mostraré cómo ayudar a los clientes a crear pasos prácticos que les den la mayor garantía de éxito.

No todos los pasos prácticos son iguales. Algunos están condenados al fracaso desde un buen principio. Quizás se trate de un paso demasiado grande, o irrelevante, o que el cliente no tenga ni idea de cómo darlo en realidad, etc.

Los pasos prácticos no son siempre actos físicos. A veces conllevan más reflexión sobre el tema en cuestión. Consultar algo a alguien y pedir su opinión es un paso práctico. Investigar sobre un tema es un paso práctico. Reflexionar con tranquilidad también lo es. Otras veces un paso práctico apropiado puede ser tomar una decisión. O puede ser llevar a la práctica un plan desarrollado durante la conversación de coaching.

Estos tres elementos, si se incluyen en el paso práctico, ayudarán al cliente a obtener mejores resultados:

- Lo suficientemente sencillo de hacer, pero lo suficientemente significativo como para dar impulso.
- Acerca al cliente a su objetivo.
- Se puede realizar antes de la siguiente conversación de coaching.

Antes de seguir, veamos más de cerca los tres elementos que definen un paso práctico. Primero, un paso práctico debe ser descrito como una acción única e identificable, que es lo suficientemente pequeña y simple como para poderse llevar a cabo, pero lo suficientemente importante como para darnos impulso.

Algunos pasos prácticos no se pueden realizar en una semana o dos. Si un paso práctico es demasiado grande, el cliente se puede perder en su complejidad o desanimarse si los acontecimientos dan un giro inesperado cuando intente ponerlo en práctica. Es mejor dividir un paso práctico desmesurado en partes o en pasos más pequeños. Un procedimiento paso a paso, usando pasos prácticos pequeños y relevantes, ayuda mejor al cliente a perseguir sus objetivos. Más adelante en el capítulo, les mostraré cómo ayudar al cliente a dividir un paso práctico grande en varios pequeños.

Segundo, mucha gente quiere alcanzar un objetivo de coaching en un solo gran paso. Nuestro criterio respecto a estos pasos es que hagan avanzar al cliente hacia su objetivo, no que se lo hagan alcanzar inmediatamente. El movimiento hacia adelante le quita al cliente la presión de «hacerlo todo» al momento. Al contrario, fomenta un acercamiento cada vez mayor, con la sensación de que alcanzar un objetivo es un proceso que implica tiempo. Cada paso adelante es una pequeña victoria que anima al cliente a conseguir la siguiente. Por tanto, no hay que preguntar: «¿Qué va a hacer esta semana para alcanzar su objetivo?». Esta pregunta puede despertar la falsa expectativa en el cliente de que puede alcanzar su objetivo de coaching en esta semana con tan solo unos cuantos pasos prácticos. Unos objetivos tan importantes como para que el coaching intervenga no pueden ser tan sencillos. Alcanzar objetivos amplios y complejos exige tiempo y esfuerzo. Una pregunta mejor sería: «¿Qué hará esta semana para avanzar?».

Finalmente, es mejor que cada paso práctico se lleve a cabo antes de la siguiente conversación de coaching. La naturaleza continuada del coaching repite el ciclo acción reflexión. El cliente reflexiona y crea nuevos pasos prácticos para luego implementarlos. Durante la siguiente conversación de coaching, el cliente repasa los pasos prácticos previos y crea un nuevo plan de acción. El ciclo de acción reflexión forma parte del propio proceso de coaching. Es importante que el cliente actúe entre conversación y conversación de coaching. Si lo hace, se asegura de aprender algo de dicha acción y luego de reflexionar en ello.

Generar múltiples opciones

A medida que la conversación de coaching progresa en la fase de ampliar y entra en la de concretar, es trabajo del coach ayudar al cliente a descubrir múltiples opciones que le acerquen a su objetivo de coaching más amplio. Cuando un cliente percibe algo nuevo en su situación, también suele saber lo que ahora le toca hacer. Es fácil fijarse en una sola idea. A veces ocurre lo contrario y el cliente sigue buscando una «respuesta mágica» que le resuelva todos los problemas.

Tomemos en consideración el caso del pastor Jeremías. Hacía poco que le habían nombrado pastor de una iglesia de tamaño mediano. Durante los primeros seis meses empezaron a surgir los problemas: los conflictos de relaciones, el pecado y todo un historial de decisiones económicas mal tomadas. Se dio cuenta de que la iglesia estaba en una situación económica mucho peor de lo que le habían hecho creer. Además, descubrió que había un grupo numeroso de miembros veteranos dispuestos a dividirla para formar una nueva congregación. Jeremías necesitaba solucionar esa compleja situación.

Al poner sobre la mesa todos los factores y explorar las distintas perspectivas y opciones durante la fase de ampliar, vio las cosas más claras, pero también entendió mejor la complejidad de la situación. Esa claridad, lejos de ser un alivio, agudizó su frustración. Lo que Jerry quería era «la respuesta» que lo arreglara todo. Quería algo que pudiera hacer ya para tomar el control de la iglesia y hacer factible el avance. Pero la complejidad de la situación desplegaba una serie de posibles soluciones, cada una con sus puntos fuertes y débiles, que exigirían mucho tiempo y esfuerzo. Jerry no hacía más que preguntarse: «¿Cuál es la respuesta correcta?».

En este mundo de una complejidad cada vez mayor y de unos cambios tan rápidos, lo tentador es pensar de manera simplista. Cuando hay un problema, buscamos la solución *correcta*. ¿Quién no iba a querer una respuesta correcta? La dificultad de la respuesta «correcta» reside en que es todo o nada. Solo hay una respuesta correcta. Todas las demás son equivocadas. En la vida no hay casi nada que funcione así. La respuesta a muchos de los problemas en esta vida es más bien «depende».

> «No hay nada más peligroso que una idea cuando es la única que tienes».
> – Emilè Chartier, filósofo francés

Suele haber más de una respuesta a los desafíos de la vida. Intervienen muchas variables que producen respuestas distintas y a veces contrapuestas. La función del coach es ampliar la perspectiva del cliente para que pueda reconocer más de esas variables, descubrir qué caminos alternos hay y ver más opciones.

Si bien es raro que haya una sola respuesta correcta, puede haber *muchas* respuestas correctas.[17] Fijémonos en la «s» al final de la palabra «respuestas». En nuestra búsqueda por *la* respuesta correcta, podemos omitir otras respuestas que corresponden a distintas perspectivas, que sopesan las variables de modo distinto y que son aptas para distintas personalidades y potencialidades innatas.

Generar opciones múltiples nos proporciona la vía de avance más nítida. La segunda o tercera opción puede ser la mejor o la «correcta». Si tenemos múltiples opciones, podemos compararlas y evaluarlas. También podemos combinarlas para crear unas soluciones integrales y podemos adaptarlas para reducir riesgos y mitigar posibles consecuencias.

Para generar opciones múltiples, hay que formular las preguntas en plural. Pedir opciones en lugar de una, respuestas en vez de una respuesta e ideas en lugar de una sola idea.

¿Qué ideas tiene?

¿De qué otra manera se puede tratar este problema?

Dígame una par de ideas locas o irrealistas que le hayan pasado por la cabeza.

¿Diga tres maneras distintas en que se pueda tratar este problema?

Las opciones no son más que eso: opciones. No las confundamos con el proponernos hacer algo. Hay una gran diferencia entre «podría hacer X, Y o Z» y «voy a hacer X». Cuando hablamos de opciones usamos términos como: podría, sería, probablemente, quizás, etc. Pasemos de generar opciones al compromiso firme de realizar alguna de ellas, preguntando:

¿Por cuál de estas opciones va a optar?

¿Qué se va a proponer hacer antes de nuestra próxima conversación de coaching?

El poder de las pequeñas victorias

Ya conoces el viejo chiste: ¿Cómo se come un elefante? De bocado en bocado. Por muy obvio que parezca que te has de comer el elefante a pequeños bocados, seguimos buscando la manera de alcanzar nuestros grandes objetivos en un par de grandes bocados. La estrategia del «gran bocado» no suele funcionar. En cambio, si creamos pequeños pasos prácticos sobre los que vayamos construyendo los siguientes, lo más seguro es que alcancemos antes nuestro objetivo.

Veamos por qué es bueno dar pequeños pasos y luego les mostraré cómo dividir cualquier paso práctico en varios más pequeños, más asequibles.

Cada paso práctico que se termina es una victoria, por pequeño que sea. Los resultados de cada pequeña victoria se van sumando para componer unos mayores resultados y en definitiva conseguir que el cliente alcance su objetivo. John Kotter, en su libro *Leading Change*,[18] escribe que las pequeñas victorias son cruciales para la consecución de un objetivo mayor. Hace una lista de distintos beneficios que convierten las pequeñas victorias en ventajosas.

Kotter escribe que las pequeñas victorias:

- *Demuestran que vale la pena sacrificarse:* las victorias ayudan mucho a justificar los costes a corto plazo.
- *Recompensan al cliente con una palmadita en la espalda:* después de haber trabajado duro, el feedback positivo le motiva y le sube la moral.
- *Ayudan a afinar la visión y la estrategia:* las pequeñas victorias dan al cliente datos concretos sobre la viabilidad de sus ideas.
- *Mantienen implicados a los demás:* dan a los demás la evidencia de que está de camino a su objetivo.
- *Dan impulso:* al haber un avance hacia el objetivo, los demás se sienten animados a ayudar.

Cada paso práctico se puede dividir

Un error común al formar pasos prácticos es que sean demasiado grandes o complejos. Para sacar partido del poder de las pequeñas victorias, es mucho mejor operar con muchos pasos más pequeños. Es tarea del coach ayudar al cliente a dividir un paso práctico grande en otros más pequeños y manejables. De esa manera, el cliente podrá sacar provecho del poder motivador de las pequeñas victorias a medida que trabaja en sus pasos prácticos. Veamos una manera eficaz de fraccionarlos.

Cada paso práctico, de hecho, está formado por una serie de pasos más pequeños; pensamientos, decisiones y acciones. Déjame ilustrarlo con un ejemplo cotidiano. Imaginemos que mi paso práctico es: «Salir a la calle dentro de diez minutos». Suficientemente sencillo. La mayoría de la gente consideraría que salir dentro de diez minutos es un paso sencillo. Pero se trata de una tarea formada por toda una serie de pequeños pasos. Mientras escribo, estoy sentado en mi despacho en el onceavo piso de la Biblioteca Nacional de Singapur,[19] es decir, que para «salir a la calle dentro de diez minutos», tengo que:

1. Echar la silla hacia atrás
2. Levantarme
3. Cerrar el ordenador
4. Atravesar la biblioteca
5. Girar varias veces por los pasillos de estanterías
6. Abrir la primera serie de puertas
7. Dejar que seguridad inspeccione mi maletín
8. Ir al ascensor
9. Apretar el botón
10. Esperar el ascensor
11. Subirme al ascensor
12. Apretar el botón de la planta baja
13. Salir del ascensor
14. Atravesar el vestíbulo
15. Abrir la puerta

16. Salir del edificio

Para la mayoría de la gente, «salir dentro de diez minutos» es un paso práctico factible. Sin embargo, la realidad es que está formado por dieciséis pequeños pasos también prácticos.

La cuestión es que los pasos prácticos se puedan realizar antes de la siguiente conversación de coaching. Todo paso práctico puede ser fragmentado en otros pasos más pequeños en la medida que sea necesario.

Divide y vencerás

Si consideramos algunos pasos prácticos cotidianos, veremos de qué nos puede servir dividirlos en otros más pequeños. Por ejemplo, veamos los siguientes:

1. Publicar la carta informativa de este mes.
2. Contratar un nuevo diseñador de la web.
3. Preparar la predicación del domingo.

Digamos que el cliente sale de la conversación de coaching con estos tres pasos prácticos. Damos por sentado que el cliente es capaz de organizar y realizar estas tres tareas por sí solo. Sin embargo, si ha necesitado del coaching para elaborar estos tres pasos, al ponerse a realizarlos, se puede encontrar con que no tiene claro cómo hacerlo. Esta falta de claridad puede impedirle avanzar o desanimarle en el proceso de intentarlo.

Cada uno de estos pasos prácticos está formado por otros pequeños pasos también prácticos. Dependiendo de la motivación del cliente, su capacidad y el tiempo de que dispone, quizás sea mejor presentar cada paso práctico como muchos pasos pequeños en lugar de pocos pasos grandes. Una vez dividido, puede quedar claro que el cliente no va a poderlo hacer todo antes de la próxima conversación de coaching. Entonces es mejor separar los pasos en el tiempo.

¿Cómo sabemos si un paso práctico es demasiado grande? Preguntemos al cliente cómo lo va a realizar. Si duda o dice que no lo sabe, hay que ayudarle a pensar en cómo va a efectuar cada uno de los pasos. El cliente tiene que salir con un plan detallado y con tres o cuatro minipasos prácticos por cada paso práctico grande. Cada vez que el cliente consiga dar un minipaso, se verá motivado a seguir adelante. Ahí reside el poder de las pequeñas victorias.

1. Publicar la carta informativa de este mes.
    a. Escribir el texto
    b. Recopilar las fotos
    c. Hacer el diseño
    d. Imprimir y enviar

2. Contratar a un nuevo diseñador de la web.
    a. Escribir una lista de nuestras necesidades de diseño
    b. Pedir el presupuesto
    c. Identificar a posibles candidatos
    d. Entrevistar a los candidatos
    e. Decidirse por uno

3. Preparar la clase del domingo.
    a. Decidir el tema o el texto de la Biblia
    b. Investigar
    c. Orar
    d. Escribir
    e. Practicar la exposición

Combinemos el poder de las pequeñas victorias y de la estrategia de «divide y vencerás» para dar a nuestro cliente las mejores condiciones para el progreso. Ambas estrategias se valen de fuerzas naturales para propulsar al cliente hacia su objetivo.

Ejercer el coaching con los pasos prácticos

El coaching, con los pasos prácticos, se vale de las mismas técnicas de hacer preguntas que la fase de ampliar. Hay que plantear preguntas aclaratorias y explorar cómo piensa el cliente realizar el paso práctico. Si no estamos seguros de que el cliente tiene claro cómo hacerlo, entonces hay que pedirle que nos cuente exactamente lo que va a hacer para completarlo. Podemos intervenir en puntos concretos conectando ideas o percepciones que hayan salido antes en la conversación.

«Hazlo o no lo hagas, pero no lo intentes».
— Yoda

Tras una conversación con Blas sobre lo abrumado que estaba de correos electrónicos, se comprometió a dar el siguiente paso práctico: «Intentaré controlar el correo electrónico». La vaguedad de este paso práctico se puede decir que aboca a Blas al fracaso. Si Blas se va con un paso formulado así, lo más seguro es que aparezca en la próxima conversación de coaching habiendo avanzado muy poco. Con un poco más de diálogo, Blas puede afinar el paso práctico y hacer que sea más asequible.

Coach: Pues ¿qué le gustaría hacer esta semana para avanzar?

Blas: Intentaré controlar los emails.

Coach: ¿Qué quiere decir con «controlar»?

Blas: No pienso responder ni un email durante todo el día. Así podré hacer mi otro trabajo sin la constante distracción de los emails.

Coach: ¿Cómo piensa hacerlo?

Blas: Podría desactivar la recogida automática de correo. Así no escucharía entrar el correo y no me distraería.

Coach: Vale. ¿Qué más?

Blas: No estoy seguro.

Coach: Antes [durante la fase de ampliar] tuvo la idea de dedicar un horario concreto a responder emails.

Blas: Es verdad. Podría probarlo.

Coach: ¿Cómo se podría organizar?

Blas: Podría comprobar el correo cada día al llegar al trabajo, después de la comida y antes de marcharme a casa.

Coach: Hágase una imagen mental de usted mismo recogiendo los emails solamente tres veces al día y sin la recogida automática. ¿Cómo lo ve?

Blas: Veo a la gente llamando por teléfono a las once en punto ¡porque no he contestado el email que me acaban de enviar hace diez minutos!

Coach (riendo): Así. que ya no le molesta el sonido de la entrada de los emails pero le suena el timbre del teléfono...

Blas: Ya. Quizás puedo dar a conocer a la gente el horario en que voy a estar respondiendo emails.

Coach: Buena idea. Entonces, ¿qué pasos prácticos se propone dar?

Blas: Desactivaré la entrada automática de correo, responderé los emails solamente a las 9 de la mañana, a la 1 de la tarde y a las 4 de la tarde, e informaré a la gente de este horario.

Coach: ¿Lo ve como algo «asequible»?

Blas: ¡Mucho! Y creo que me será muy útil.

MARTE

El diálogo entre Blas y su coach ilustra la manera de crear pasos prácticos. Un buen paso es como una minideclaración de visión que describe el futuro deseado. Unos pasos prácticos bien formulados pueden motivar al cliente y sentar las bases sobre las que se podrá evaluar el aprendizaje, el crecimiento y el rendimiento. Cuando creamos pasos prácticos hay que procurar que sean acertados:[20]

Medibles. Su consecución se puede observar o medir.
Asequibles. Asequibles y desafiantes a la vez, pero posibles.
Relevantes. Que tengan sentido para el cliente.
Temporales. A realizar en un espacio de tiempo.
Específicos. Sumamente específicos. Claros y sin ambigüedades.

Aquí tenemos algunos ejemplos de preguntas que se pueden usar para que los pasos prácticos sean más acertados.

Medibles

Los pasos prácticos se pueden medir y observar. Con unos pasos prácticos concretos al cliente le resulta más fácil saber lo que tiene que hacer y poder reconocer cuándo ha terminado su tarea. Unos pasos prácticos medibles ayudan a evaluar el progreso de manera más objetiva.

¿Cómo sabrá cuándo ha realizado el paso práctico?

¿Cómo puede medirlo u observarlo?

Asequibles y desafiantes a la vez

Algunos clientes aspiran a demasiado y otros a muy poco. Hemos de ayudarles a formular unos pasos prácticos asequibles pero que impliquen cierto esfuerzo. Desafiémosles de manera apropiada para que vayan más allá de sus aptitudes actuales y prueben nuevas maneras de pensar y actuar.

¿En qué sentido le resulta desafiante este paso práctico?

¿Qué paso práctico le hará avanzar no tan solo un poco, sino que le elevará del todo a otro nivel?

Relevantes

Los pasos prácticos pueden ser específicos, medibles y asequibles pero no tener ningún tipo de relevancia para los objetivos del cliente. Que sean relevantes quiere decir que tengan sentido para el cliente y le acerquen a su objetivo. Los pasos prácticos relevantes son un suave toque a la motivación interna del cliente.

¿Hasta qué punto es este paso práctico significativo o importante para usted?

¿Qué relación tiene con su objetivo?

Temporales

Los pasos prácticos tienen fecha de vencimiento. El límite de tiempo aumenta la probabilidad de que el cliente efectúe el paso práctico. Las fechas tope también deben ser asequibles y desafiantes a la vez. Si hay poco tiempo, el cliente se ve forzado a pensar en nuevas maneras de cumplir con la fecha límite. Recordemos que el propio proceso de coaching ya plantea cierto límite de tiempo, ya que la mayoría de pasos prácticos hay que darlos antes de la siguiente conversación de coaching.

¿Qué fecha tope tiene para hacer esto?

¿Por qué entonces y no dos semanas antes?

Específicos

Lo mejor es escribir los pasos prácticos de forma clara y sin ambigüedades. El paso práctico es una descripción de un resultado deseado. Hay que pasar de las ideas a las acciones específicas, de lo general y conceptual a los planes detallados y concretos. Para que un paso práctico consiga ser específico se requiere un proceso de diálogo y toda una serie de preguntas.

¿De qué se trataría en concreto?

Describa el resultado de este paso práctico como si ya hubiera ocurrido.

Convertir los pasos prácticos intangibles en tangibles

Algunos pasos prácticos cuesta que sean específicos y mesurables. Puede ser difícil conseguir que los que tienen que ver con los sentimientos, las actitudes, las emociones, el carácter, el temperamento y la espiritualidad sean tangibles. Es difícil ver, tocar, probar, oler o escuchar algo nuevo en el terreno de las emociones y el carácter.

La conversión de los pasos prácticos intangibles en tangibles es un proceso que conlleva identificar cosas tangibles tras un objetivo intangible y convertirlas en pasos prácticos.

A veces intuimos el cambio. Por ejemplo, una mujer puede tener la sensación de que su marido ya no la quiere tanto como antes. Su percepción puede estar basada en una serie de aspectos intangibles que, individualmente, pueden no parecer mucho (la atención que le presta cuando están juntos, su tono de voz, el número de llamadas, los regalos o las veces que le dice «te quiero»), pero todas juntas, estas pequeñas acciones o la falta de ellas, le hacen llegar a la conclusión de que su marido ya no siente lo mismo por ella. Las acciones tangibles suelen ser la fuente de los sentimientos intangibles.

Enlazar un paso práctico intangible con una conducta tangible hace que sea más específico y mesurable (puede ser observado) y consiguientemente más asequible. Preguntemos por las actitudes y conductas que hay detrás de los cambios. Preguntemos cómo vamos a poder observar dichos cambios cuando se produzcan. Preguntemos qué aspecto tendrían esos cambios. Comparemos lo siguiente:

Ejemplo # 1

Paso práctico intangible: Ser más cariñoso con mi mujer.

Preguntas de coaching:

> **¿Cómo se puede reflejar en su conducta que es «más cariñoso»?**
>
> **¿A qué se refiere con «más cariñoso»?**
>
> **¿Qué le pasaría en su interior si fuera «más cariñoso»?**

Paso práctico tangible: Prestar a mi esposa toda la atención cuando los chicos se han ido a la cama y planificar una «cita» fuera de casa cada semana.

Ejemplo # 2

Paso práctico intangible: Quiero ser más espiritual.

Preguntas de coaching:

> **¿Qué resultados específicos vería si fuera «más espiritual»?**
>
> **¿Qué sería diferente en usted si fuera «más espiritual»?**
>
> **A la práctica, ¿de qué le serviría ser «más espiritual»?**

Paso práctico tangible: Memorizaré Filipenses 4.8 y pensaré en ello siempre que me vea tentado a entrar en una web inapropiada.

Para ilustrarlo un poco más, veamos una conversación de coaching que está entrando en la fase de concretar. «Oraré por ello» es un paso práctico común pero intangible al que muchos cristianos quieren comprometerse. Veamos pues cómo conseguir que este paso práctico intangible se convierta en algo más tangible.

Coach: ¿Qué le gustaría hacer para avanzar?

Silvia: Voy a orar por el tema.

Coach: Bien. ¿Y cómo lo hará? ¿Cada mañana, un momento especial o cómo?

Silvia: Me gustaría tomarme medio día para escuchar de verdad al Señor.

Coach: ¿Dónde lo haría?

Silvia: Otras veces he ido a un centro de retiros que hay cerca de casa; normalmente por la mañana. Tengo una amiga que vive allí y me deja una sala gratis.

Coach: Genial. Y cuando esté allí, ¿qué hará?

Silvia: Suelo pasar un tiempo leyendo los salmos para centrar la mente en el Señor. Después me tomó un tiempo simplemente de silencio; a veces una hora. Luego suele empezar una conversación y «hablamos del tema» con el Señor; suelo escribirlo en mi diario.

Coach: Suena bien. Así que, esto es lo que le gustaría hacer, ¿no?

Silvia: Sí.

Ahora que ya tenemos un paso práctico específico y mesurable lo tentador es dejar la conversación aquí. Pero, leamos el resto y fijémonos en cómo se manifiesta en la conversación el límite temporal necesario para que el paso sea acertado.

Coach: ¿Cuándo lo hará?

Silvia: Buena pregunta... (Saca la agenda) ¡Las dos próximas semanas estoy al tope!

Coach: (se espera).

Silvia: Bueno, podría hacerlo de aquí a tres semanas.

Coach: ¿Le cubriría sus necesidades?

Silvia: No. (suspira...) ¡Odio tener que programar la oración!

Coach: Entonces, ¿qué opciones ve?

Silvia: Supongo que debería olvidarme de dedicar toda una mañana a la oración. Pero me cuesta cierto tiempo poderme concentrar, por eso no quiero abandonar la idea.

Coach: Reconozco el esfuerzo que hace por aferrarse a un proceso que en el pasado le ha funcionado. Mirando su agenda de la semana que viene, ¿no hay nada que se pudiera cambiar para poderlo hacer?

Silvia: Lo mejor sería el martes, si consigo cambiar un par de citas.

Coach: ¿Es factible?

Silvia: Fácil. Lo único que odio es tener que programarlas de nuevo.

Coach: Así, ¿qué hará?

Silvia: Las cambiaré. Es demasiado importante.

Coach: ¿Y cuáles serán los pasos prácticos?

Silvia: Cambiar las citas y luego el martes por la mañana ir al centro de retiros a orar y escribir sobre el tema.

Coach: ¿Qué ayuda necesita para hacerlo?

Silvia: Ninguna, podré hacerlo.

Coach: Bien. Me encantará conocer los resultados.

Crear pasos prácticos desde distintos ángulos

La práctica común es que el cliente se vaya de cada sesión de coaching habiendo identificado unos pasos prácticos. Pidamos que sean dos o tres por cada tema. Si hay uno que no puede terminar o que no le ayuda, quizás alguno de los otros pueda cubrir su necesidad.

Hagamos las preguntas desde distintos ángulos (relacional, espiritual, organizativo, etc....) para ayudar al cliente a crear un plan de acción integral. A menudo los ángulos que hemos explorado juntos durante la fase de ampliar generarán ideas acerca de pasos prácticos que tienen en cuenta dichas perspectivas. Usemos el mismo proceso que en la fase de concienciación pero preguntando acerca de las acciones.

> **¿Cómo podría trabajar este tema desde el punto de vista de las relaciones?**

> **Antes mencionaba la dimensión organizativa de este tema. ¿Qué haría desde esta perspectiva?**

Ejemplos de pasos prácticos

Las siguientes series de pasos prácticos son producto de distintas conversaciones de coaching. No se fija un tiempo porque se espera que se lleven a cabo antes de la siguiente conversación de coaching.

Fijémonos en que cada paso práctico aborda el tema desde un ángulo distinto. En el primer ejemplo, los pasos prácticos responden a los ángulos intelectual, relacional y espiritual. Cada procedimiento producirá un resultado distinto, es decir, que los ángulos son importantes.

Cada paso práctico no es del todo acertado. Ayudar a que sea lo más acertado posible como para que el cliente lo lleve a cabo, sin terminar por ser condescendiente o irritante, es todo un arte. Ayudemos al cliente a trabajar en sus pasos prácticos hasta que se sienta seguro de su plan de acción. Ambos veremos si los pasos eran lo suficientemente acertados (MARTE) cuando hagamos el seguimiento en la siguiente conversación de coaching.

Ejemplo 1
Resultado de la conversación de coaching de hoy: Elaborar un plan para valorar dónde se encuentra ahora el equipo.

Pasos prácticos decididos en la conversación de coaching de hoy:
- Me leeré el libro de John Kotter *Leading Change*.
- Me encontraré a nivel personal con Peter y Su-Jin y les pediré su opinión sobre la actual dinámica de equipo.
- Dedicaré el martes por la mañana a orar y escribir sobre los siguientes pasos que debe dar nuestro equipo.

Ejemplo 2
Resultado de la conversación de coaching de hoy: ¿Necesito un máster?

Pasos prácticos decididos en la conversación de coaching de hoy:
- Afinaré la lista de razones para hacer un máster.
- Buscaré por internet qué centros tengo cerca para hacer un máster.
- Preguntaré por email al departamento de RRHH por las políticas de la compañía respecto al uso de tiempo y dinero para completar un máster.

Ejemplo 3
Resultado de la conversación de coaching de hoy: Sentirme en forma y con energías.

Pasos prácticos decididos en la conversación de coaching de hoy:
- Iré al gimnasio a hacer noventa minutos de ejercicio los lunes, miércoles y viernes por la mañana.
- Me comeré una ensalada al mediodía todos los días laborables.
- Revisaré mi «lista de estrés»[21] cada mañana, y oraré por las puntuaciones más altas.

El coaching de los pasos prácticos

Las varias técnicas del coaching se pueden combinar con los pasos prácticos en un diálogo de tres pasos. Ayudamos al cliente a pensar qué acciones pueden ser relevantes, qué harán, cómo lo harán y cuándo. Planificar todo esto antes de lanzarse a los pasos prácticos nos garantiza más posibilidades de obtener un resultado positivo.

1. Pedir pasos prácticos
Dependiendo de cómo vaya la conversación, primero podemos pedirle opciones o pasar directamente a que se proponga pasos prácticos.

¿Qué acción emprenderá para avanzar?

¿Qué más le gustaría hacer?

Apuntar desde diversos ángulos. Por ejemplo,

¿Quién le podría ayudar?

Antes ha mencionado a X, ¿le gustaría hacerlo?

¿Qué haría desde el punto de vista espiritual?

2. *Hacer que los pasos prácticos sean más acertados*
Ayudar al cliente a que los pasos prácticos tengan los ingredientes del acróstico MARTE. Eso incluye dividir los que son demasiado grandes en varios pequeños para así aprovechar el poder de las pequeñas victorias.

3. *Confirmar los pasos prácticos*
Confirmar los pasos prácticos y asegurarnos de que coach y cliente los hemos escrito. Esto facilita mucho el seguimiento después.

> **¿Qué le parecen estos pasos prácticos?** [Ver si hay dudas.]

> **Solo para estar seguros de que hablamos de lo mismo, ¿cuáles son?**

Conclusión

El propósito de los pasos prácticos es ayudar al cliente a aplicar bien las percepciones y descubrimientos de la conversación de coaching. Esas percepciones sumadas a los pasos prácticos producirán el progreso esperado por el cliente.

Los pasos prácticos deberían ser simples, acercar al cliente a su objetivo y poderse llevar a cabo antes de la siguiente conversación de coaching. Para empezar, debemos pedir opciones múltiples. Ayudar al cliente a generar cierto número de ideas y luego irlas descartando hasta comprometerse a emprender una acción. Hay que dividir los pasos grandes y complejos en varios pequeños para sacar partido de las pequeñas victorias. Con el acróstico MARTE ayudaremos al cliente a elaborar unos planes que le ayudarán a estar mejor preparado. Examinemos los comportamientos y convirtamos los pasos prácticos intangibles en tangibles. Seamos equilibrados y busquemos múltiples pasos prácticos desde distintos ángulos.

La conversación de coaching concluye con una última cosa: los hitos. Sigan leyendo para ver cómo se puede crear una conclusión eficaz.

Hitos

«Una y otra vez, dicen, bueno es repetir y revisar lo que es bueno».
— Platón

La conversación de coaching ha llegado a su fase final. Dediquemos unos momentos para darle al cliente la oportunidad de resumir lo que ha aprendido y manifestarlo escuetamente. Eso consolidará el aprendizaje en la mente del cliente y al mismo tiempo dará al coach un feedback valioso.

Que sea memorable

El pastor Adolfo estaba a punto de quemarse. La iglesia que había empezado hacía tres años ahora tenía ya cien miembros fijos; muchos de ellos como resultado de su ministerio. El pastor Adolfo luchaba por mantener el discipulado, la consejería y las necesidades de liderazgo de ese grupo de nuevos cristianos. Formaba también a los que eran cristianos desde hacía más tiempo para que se ocuparan de los demás, pero resultaba que tenían tantos problemas emocionales y espirituales como los nuevos creyentes. Estaba abrumado.

El pastor Adolfo y su coach hablaron de la situación desde muchas perspectivas distintas y encontraron diversas opciones para progresar. Cuando Adolfo se decidió por dos pasos prácticos, el coach terminó preguntando: «¿Qué le gustaría recordar de esta conversación?».

El pastor Adolfo le miró y respondió pensativo: «Quiero recordar que no soy Superman. No soy responsable de todo y no puedo cubrir las necesidades de todo el mundo».

Fue uno de esos momentos geniales del coaching. No habíamos mencionado para nada a Superman durante la conversación. El pastor Adolfo creó esa metáfora para resumirla. Fue como muy memorable.

Al cabo de unos días, el pastor Adolfo colgó una foto suya en Facebook con una camiseta de Superman con una gran X tachando la S. A lo largo de los nueve meses siguientes, siguió trabajando en este desafío y su metáfora de «No soy Superman» solía emerger durante las conversaciones de coaching.

Terminar fuerte

A nadie le gusta una conversación con una conclusión extraña y un final poco claro. A veces es difícil saber cuándo hay que parar. Los hitos proporcionan un cierre claro a la conversación de coaching. El resumen completa la conversación a modo de lazo en un paquete de regalo.

Los hitos también tienen un valor de aprendizaje tremendo. Los hitos dan al cliente la oportunidad de simplificar la complejidad de una conversación de una hora en unas cuantas frases. Consolidan el aprendizaje del cliente y dan al coach un feedback muy valioso sobre lo que el cliente considera más importante de la conversación de coaching.

Simplificar la complejidad

Preguntar al cliente por los hitos, le anima a revisar una

conversación de una hora y resumir los puntos o lecciones más valiosas en tan solo unas frases. Al resumir, el cliente debe simplificar la complejidad del transcurso de la conversación y escoger lo más importante o significativo.

Antes de empezar a hacer lo de terminar las conversaciones de coaching con los hitos, escuché a un cliente con quien acababa de trabajar, cómo le contaba a un colega nuestra conversación de coaching. Estaba entusiasmado y le decía: «¡Me ha ayudado mucho!». Su colega le preguntó en qué. El cliente balbuceó: «Pues, en muchas cosas. Hemos hablado de todo. ¡Estoy muy animado!».

Al cliente le animó nuestra conversación de coaching, pero era incapaz de decir lo que había aprendido. Tras escuchar ese vago resumen de nuestra conversación, me di cuenta de que quizás se había perdido en la complejidad del diálogo. Para resumir hay que contar con un grado considerable de claridad. Como dijo Albert Einstein, «si no lo puedes explicar de manera sencilla, es que no lo has acabado de entender». Educativamente, sabía que eso significaba que no tenía claro lo que habíamos conseguido durante nuestra conversación y que no había interiorizado el aprendizaje. Como coach, eso significaba que no estaba haciendo mi trabajo del todo bien.

Resumir para edificar nuestro cerebro

El aprendizaje se refuerza a través de un resumen conciso. ¿Qué es más fácil de recordar: tres párrafos de texto o tres puntos? Un punto es un resumen conciso de algo que queda descrito más ampliamente en algún otro lugar. El resumen de una conversación de coaching es fácil de recordar y por tanto de hablar con otros. Hablarlo con otros es importante, ya que la repetición refuerza el aprendizaje.

Veamos cómo opera. Nuestro cerebro se sigue desarrollando en la vida adulta y tiene la capacidad de crecer y renovarse durante toda la vida. Se trata de lo denominado «neuroplasticidad».[22] Cada vez que pensamos, hacemos o decimos algo, nuestro cerebro envía una señal por un camino neuronal. Cuantas más señales viajen por un camino en particular, más fuerte se hace. Literalmente, edificamos nuestro cerebro por medio de la repetición. Esta es la base científica de la creencia de que para crear un nuevo hábito hay que repetir una misma cosa dieciséis veces.

El problema es que los nuevos caminos neuronales son débiles y, lo que es peor, nuestro cerebro tiende por defecto a tomar anteriores caminos que son más fuertes pero que quizás no queremos que tome. Exige cierto esfuerzo mental el forzar al cerebro a tomar un nuevo camino. A medida que este se va reforzando, se hace más fácil recordar el nuevo aprendizaje y vivirlo. Resumir lo aprendido y compartirlo con otros sirve para consolidar el aprendizaje, renovando a la vez nuestro cerebro.

Averiguar lo que valora el cliente

Los hitos le sirven al coach de minimecanismo para el feedback. Cuando el cliente comparte lo más valioso de la conversación, el coach está recibiendo también un feedback valioso.

Al final de nuestra segunda conversación de coaching, le pregunté a Alison (que dirigía un equipo en el sudeste de Asia) qué le había resultado más significativo de nuestra plática. Pensaba que mencionaría el plan que habíamos elaborado para su equipo. Al principio de la conversación estaba confusa. Le parecía que habían demasiadas opciones, le faltaba dinero y no veía ninguna solución. Al final de la conversación, ya había escrito los puntales de un plan para hacer progresar a su equipo ministerial durante los próximos doce meses. Parecía entusiasmada y aliviada por ver las cosas más claras, pero no lo mencionó cuando le pregunté lo que le había resultado más importante. Me respondió: «Estoy contenta porque alguien me escucha. Nadie lo hace».

Esta breve información hablaba muy alto de las necesidades de Alison. Tomé nota y en las siguientes conversaciones me aseguré por activa y por pasiva de darle todo el tiempo del mundo para expresar sus pensamientos, ideas y sueños. Al preguntar por el hito, salió a la luz su necesidad de ser escuchada.

Preguntemos, no lo digamos

He escuchado a nuevos coaches resumir el aprendizaje del cliente al final de la conversación de coaching. Además de resultar presuntuoso, no responde al sentido de los hitos. Se trata de que el cliente haga el resumen, no el coach.

Puedo entender por qué lo hace el coach. Es un riesgo preguntar por los hitos. ¿Qué pasa si el cliente dice que no ha aprendido nada, que no ha tenido ninguna idea ni nada memorable? Puede resultar extraño. Es mucho menos arriesgado decirle al cliente lo que pensamos que ha aprendido. Pero el coaching es asunto de sacar, no de poner. Nuestro trabajo es sonsacar al cliente lo que ha aprendido y valorado, no lo que nosotros consideramos importante.

Preguntar por los hitos

Hay muchas maneras de preguntar por los hitos. Cada pregunta puede obtener una respuesta un poco distinta. Se trata de estimular el pensamiento y llegar a resumir lo que al cliente le ha sido más útil o importante. Podemos mezclarlas de manera que no siempre sean las mismas durante toda la relación de coaching.

¿Qué quiere recordar de la conversación de hoy?

¿Es consciente de algo nuevo?

¿Qué ha sido lo más útil de nuestra conversación?

¿Qué se lleva consigo de nuestra conversación?

¿Qué le ha resultado más importante de nuestra conversación?

Los pensamientos del cliente deben ser claros si quiere recordarlos. Quizás sea necesario indagar un poco para ayudarle a organizar las ideas y plasmarlas en frases. Un breve diálogo con preguntas aclaratorias le puede ayudar a procesar sus hitos.

Coach: ¿Qué le ha resultado más importante de nuestra conversación?

Cliente: El tema de las prioridades.

Coach: ¿En qué sentido?

Cliente: Me he dado cuenta de que digo que quiero hacer algo, pero luego en realidad dedico el tiempo a algo distinto.

Coach: Siga.

Cliente: Pues, quizás no sea tanto una cuestión de cómo uso el tiempo, sino de aclarar lo que quiero de verdad y tenerlo presente. Espero poder progresar esta semana.

Coach: ¡Yo también!

Poner la siguiente cita en la agenda

Algunos coaches y clientes son lo suficientemente organizados como para mantener conversaciones de coaching periódicas; por ejemplo, todos los martes a las 10:00. Mis clientes y yo, no. Los viajes, las reuniones, las actividades extraescolares de los hijos...

todo ello hace difícil predecir un horario fijo a un mes o dos vista. No hay problema. Pongamos día y hora para la siguiente conversación al final de cada una de ellas. Es mucho más fácil hacerlo en persona que luego por email.

[Continuación de la anterior.]

Coach: Gracias por su franqueza.

Cliente: Gracias por su tiempo. Lo valoro.

Coach: ¿Por qué no quedamos para el próximo día?

Cliente: Claro.

Coach: ¿Le va bien el martes 10 a las 2 de la tarde?

Cliente: Sí, me va bien.

Coach: Vale, pues quedamos así.

Cliente: Vale, cuídese.

Coach: Adiós.

Eso nos lleva al final de la conversación de coaching. El cliente se irá y trabajará en los pasos prácticos. Al cabo de una o dos semanas, el coach y el cliente se volverán a encontrar y tendrán otra conversación valiosa.

Seguimiento

«La experiencia no es siempre el más cordial de los maestros, pero seguro que es el mejor».
— *Proverbio español*

Al concluir la mayoría de las conversaciones de coaching, el cliente se compromete a realizar una serie de pasos prácticos antes de la siguiente sesión. Lo ideal es que tenga dos o tres pasos prácticos que le ayuden a avanzar hacia su objetivo desde distintos ángulos. En el capítulo sobre la fase de concretar, encontraremos más información en cuanto a cómo crear los pasos prácticos.

El seguimiento de los pasos prácticos es mejor hacerlo durante la fase de conectar de la siguiente conversación de coaching. Darles seguimiento es crucial para todo el proceso de aprendizaje. Es en este punto en el que se completa el ciclo de acción reflexión; luego las consiguientes conversaciones lo vuelven a repetir. La figura 3 ilustra cómo el cliente realiza los pasos prácticos después de una plática de coaching, y luego en la siguiente se les da seguimiento, y así consecutivamente.

El propósito del seguimiento es ver lo que ha hecho el cliente. Este proceso ayuda a reforzar los pensamientos y conductas positivas, genera aprendizaje e ideas, y permite al coach y al cliente afrontar dificultades en la creación de nuevos pasos.

Si el seguimiento de los pasos prácticos se convierte en un hábito, estaremos infundiendo de forma sutil una manera de rendir cuentas durante el proceso. La motivación del cliente por completar dichos pasos aumenta de manera natural al saber que el coach va a darles un seguimiento.

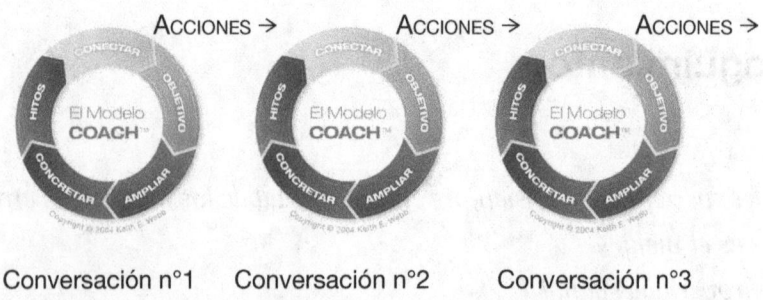

Figura 3: Conversaciones de coaching y Ciclo de acción

Un seguimiento seguro

El seguimiento de los pasos prácticos da al cliente ocasión para revisar sus acciones, y los resultados de las mismas, en un entorno seguro. Por seguro me refiero a la seguridad emocional producida por la presencia no enjuiciadora del coach. Las personas somos muy espabiladas cuando se trata de captar el juicio de los demás. Si percibimos que estamos siendo negativamente juzgados, nos ponemos a la defensiva y nos negamos a seguir hablando.

Hay que suavizar incluso los juicios positivos. En el coaching se trata de concentrarnos en el cliente (su agenda, sus esfuerzos, sus logros) y no en cómo *nosotros* evaluamos su progreso. No queremos comunicarle sin darnos cuenta que debe tratar de complacernos cumpliendo con los pasos prácticos. El cliente debería dar esos pasos por su propio beneficio, no por el del coach.

Todo progreso debe verse reforzado para que el cliente siga animado a continuar con esas acciones positivas. Seamos generosos con nuestro reconocimiento. La conducta del cliente se verá más o menos reforzada dependiendo de las palabras que usemos para reconocer sus progresos. Frases como: «¡Muy bien hecho!», «Me gusta», «¡Genial!», no son más que palabras de ánimo si no están vinculadas a una actitud o conducta concreta. Es mejor usar frases centradas en las acciones del cliente, como estas:

Hay que reconocer que ha hecho un esfuerzo tremendo.

¡Lo ha conseguido! Ha hecho justo lo que se había propuesto.

Creo que ha tenido mucho valor para hacer esto.

El cliente es totalmente responsable de sus pasos prácticos. Ayudarle a seguirlos es una manera eficaz de fomentar dicha responsabilidad y de motivarle a conseguir más cosas.

La primera pregunta de seguimiento

Comparen las tres preguntas siguientes. ¿Por qué se caracterizan? ¿Cuál les gusta más? ¿Por qué?

¿Ha hecho los pasos prácticos?

¿Cómo le ha ido con los pasos prácticos?

¿Qué progresos ha hecho con los pasos prácticos?

¿Ha hecho los pasos prácticos?
Esta pregunta me recuerda otra: «¿Ha hecho los deberes?». ¿Quién la hace? Nuestra madre o un maestro; una figura de autoridad. Los coaches no son figuras de autoridad. Nuestro propósito

con el seguimiento no es controlar al cliente, sino apoyarle en el aprendizaje y en sus progresos.

«¿Ha hecho los pasos prácticos?» es una pregunta cerrada. Entre las posibles respuestas están el «sí», «no» y «no del todo». Ninguna de esas respuestas motiva al cliente a reflexionar.

Si no ha terminado los pasos prácticos, esta pregunta puede hacer que el cliente se sienta culpable o avergonzado; o que se ponga a la defensiva y dé excusas. Tales respuestas disminuyen la capacidad del cliente de reflexionar claramente y aprender algo del paso práctico incompleto.

¿Cómo le ha ido con los pasos prácticos?

Esta pregunta se suele interpretar como una evaluación, al estilo de «¿cómo evaluaría sus resultados?». La respuesta suele ser una valoración simplista con una sola palabra de un resultado posiblemente complejo. El cliente puede responder: «Bien» o «¡Genial!» o «Fatal». Respuestas que no indican mucha reflexión.

En Asia oriental, dónde viví durante veinte años, si preguntas «¿cómo le ha ido?», la mayoría de la gente te enumerará una lista de los problemas y de las mejoras necesarias. Se suelen centrar más en la autocrítica que en «desarrollar las potencialidades innatas» que es el enfoque más común en Estados Unidos,[23] aunque algunas personalidades allí también pueden responder con la autocrítica. El seguimiento de los pasos prácticos es más que corregir la ejecución de los mismos.

La desventaja más grande de empezar por esta pregunta es que no aporta ningún refuerzo a lo trabajado. En Indonesia, trabajé con un dirigente que era demasiado rápido en evaluarse a sí mismo y encontrar en qué había de mejorar. Trabajaba diligentemente en dichas áreas, pero pronto empecé a notar que le iba mal en otras áreas en que previamente le había ido bien. Me di cuenta de que al no reforzar sus comportamientos eficaces, dejó de considerarlos importantes y por tanto de mantenerlos. Es importante reforzar todos los progresos para que el cliente continúe con esos comportamientos positivos.

A mí me resulta más útil evaluar la eficacia de los esfuerzos del cliente después de que haya descrito sus acciones y resultados, como ilustra la siguiente pregunta.

¿Qué progresos ha hecho con los pasos prácticos?

Esta pregunta, como la cebolla, tiene muchas capas. En la más externa, es bastante positiva. Se da por sentado que ha habido progresos, lo cual proyecta una creencia positiva en la capacidad de actuar del cliente. Es como decir: «Creo en usted».

La palabra «progreso» no es una proposición del tipo todo o nada, como lo sería: «¿Ha dado los pasos prácticos?». «Progreso» incluye y admite también los pasos prácticos que no se han terminado del todo.

La palabra «progreso» enfoca la conversación en una dirección positiva. Se centra en lo que ha ido bien, lo que ha funcionado, y en el avance del cliente. Le da la oportunidad de repasar y reforzar comportamientos e ideas en la buena dirección y de consolidarlas en su vida. Este término no limita la conversación a la inclusión de los resultados positivos únicamente, sino que pinta cada resultado bajo una luz positiva y constructiva. Lo más importante es que la pregunta evita que la gente se ponga a la defensiva y la mayoría valoran su positivismo constructivo.

Yo solía tener una sensación extraña cuando hacía el seguimiento de los pasos prácticos. Me preocupaba parecer demasiado autoritario. Me preocupaba que el cliente no hubiera hecho los pasos prácticos. Me preocupaba ponerle en evidencia u ofrecerle una ayuda inútil si no le habían ido bien. Desde que uso la pregunta «¿qué progresos ha hecho con los pasos prácticos?» me han desaparecido todas esas preocupaciones.

¿Qué? Entonces, ¿qué? Ahora, ¿qué?

Ahora que ya tenemos preparada la primera pregunta, veamos cómo hacer un seguimiento facultativo, centrándonos en el aprendizaje y motivando al cliente a seguir avanzando.

Un modelo sencillo de dar seguimiento a los pasos prácticos es: ¿Qué? Entonces, ¿qué? Ahora, ¿qué?[24] Este modelo nos permite explorar de manera natural lo que el cliente ha hecho o no ha hecho y el resultado (¿qué?). A partir de ahí, el modelo le anima a una reflexión más profunda con el propósito de descubrir las lecciones por aprender de dichas acciones o resultados (Entonces, ¿qué?). Y termina por trasladar dicho aprendizaje a otras áreas de la vida del cliente (Ahora, ¿qué?). Además, es fácil de recordar y eso cuenta mucho cuando te encuentras con alguien en ese momento.

¿Qué?

Las preguntas ayudan al cliente a repasar y reflexionar en lo que ha logrado o no con los pasos prácticos. La pregunta ¿qué? Está diseñada para concienciar al cliente en cuanto a sus pensamientos, emociones y comportamientos antes y durante el paso práctico. Eso implica que el cliente debe escarbar más allá de la superficie e identificar muchos aspectos de lo ocurrido. Por ejemplo, lo que hizo, lo que decidió no hacer, su proceso de pensamiento y las emociones que tenía cuando lo hacía.

Sorprendentemente, algunas personas no se dan cuenta de lo que han logrado ni de lo que esto significa. Puede que el cliente no sea consciente del proceso de pensamiento que le ha llevado a completar el paso práctico.

Naturalmente, no todos los pasos prácticos exigen una reflexión tan profunda. El seguimiento de ciertos pasos prácticos es tan sencillo como preguntar por ellos y escuchar un breve resumen. Hay otro pasos prácticos que hay que explorar mejor para descubrir la sabiduría que esconden. Hay los que son algo nuevo, un desafío, o algo clave para que el cliente alcance su objetivo y para procesarlos se necesita más tiempo.

Por medio de las preguntas del coach, el cliente puede adquirir más conciencia de lo que realmente ha ocurrido (sus acciones, conversaciones internas, emociones) y de los resultados. Reflexionar de esta manera detallada le facilita al cliente descubrir lo aprendido.

Por ejemplo, Martín trabajaba para una gran organización de ayuda humanitaria y necesitaba dar una presentación a un numeroso grupo de delegados. Durante su anterior presentación, por los nervios y las ganas de no dejarse nada, soltó una «avalancha de datos» y una perorata de cuadros y estadísticas que los dejó a todos dormidos. Tras esa pobre presentación y cierta dosis de burla por parte de sus compañeros, esta vez estaba todavía más nervioso por la siguiente presentación. Estuvimos trabajando una manera distinta de hacer las cosas. Pensó varios pasos prácticos y preparó la presentación.

En la siguiente sesión de coaching le di seguimiento a sus progresos. En el siguiente diálogo, fíjense en cómo le sondeé, cómo se sentía y qué ocurrió como resultado de realizar los pasos prácticos.

> Coach: ¿Qué progresos ha hecho con sus pasos prácticos?
>
> *Martín: Hice la presentación y fue bien.*
>
> Coach: ¡Genial! Veo que ha trabajado mucho para superar las dificultades de la presentación. ¿Qué hizo distinto esta vez?
>
> *Martín: Me preparé mejor.*
>
> Coach: ¿Cómo se preparó mejor?

Martín: Tenía mucho más claro el propósito de la charla y los puntos eran más concretos. Descarté la mayor parte del texto de las diapositivas del Power Point y en lugar de eso, ilustré cada punto con fotografías. A los otros delegados les encantó esa idea.

Coach: Vale, así que se decidió por un objetivo claro, concretó los puntos principales y elaboró un PowerPoint creativo. Buen trabajo. Y ¿cómo se sintió mientras hacía la presentación?

Martín: Seguía estando nervioso, pero sabía exactamente lo que iba a decir y que no iba a hablar demasiado como la otra vez.

Coach: A parte de los nervios, ¿qué otras emociones tuvo?

Martín: Pues, estaba entusiasmado... también me sentía mucho más seguro. Y tenía la sensación de que iba a ir bien.

Coach: Para que no lo pasemos por alto, como su objetivo era sentirse más cómodo en las presentaciones con grupos numerosos, ¿qué es lo que le hizo sentir entusiasmado, seguro y optimista?

Martín: El tener un objetivo claro y unos puntos concretos. No me abrumaron los datos ni estaba preocupado por si me iba a dar tiempo de tratar los diez puntos.

[Esta conversación continúa más adelante en el apartado de Entonces, ¿qué?]

Con la pregunta «¿qué?» exploramos lo que el cliente ha hecho o dejado de hacer, lo que ha pensado, cómo se ha sentido y las repercusiones de todo ello. He aquí algunas preguntas:

Hacer: ¿Qué hizo? ¿O no hizo?

Pensar: ¿En qué pensaba cuando lo hacía?

Sentir: ¿Cómo se sintió durante la experiencia?

Repercusiones: ¿Qué repercusiones han tenido esas acciones?

Entonces, ¿qué?

Una reflexión válida va más allá de lo que sencillamente ha ocurrido y trata de encontrar sentido a la experiencia.

Preguntemos por las implicaciones de ese paso práctico, no solo en el efecto surtido, sino también en el proceso. Busquemos las conexiones lógicas entre los pensamientos, las emociones, las acciones y sus repercusiones. Los *efectos* son los resultados inmediatos directamente relacionados con el paso práctico; el *proceso* abarca también las nuevas ideas, comportamientos y experiencias que han contribuido a que se realice.

Preguntemos al cliente qué conclusiones puede sacar de todo esto. Animémosle a resumir sus observaciones, percepciones y aprendizajes con el propósito de reforzarlos y que sean más fáciles de recordar. Las percepciones y los descubrimientos suelen darse durante el proceso y en cambio los clientes suelen pasar por alto esta parte.

Volvamos a Martín y su presentación.

[Continuación de la anterior conversación...]

Coach: Entonces, ¿qué observa acerca de las buenas presentaciones y la manera de prepararlas?

Martín: Una cosa lleva a la otra. Una vez tuve claro el propósito de la charla, me fue más fácil decidir en qué puntos centrarme. Pude ser más conciso y abstenerme de la «avalancha de datos» que antes soltaba.

Coach: ¿Cómo se preparará en el futuro?

Martín: Pues, primero determinaré el propósito, luego revisaré la información y decidiré los puntos principales. Y me ceñiré a ello sin tratar de querer decirlo todo sobre el tema.

Coach: Y ¿cómo le hace sentir el solo hecho de pensar en preparar así la siguiente presentación?

Martín: Mucho más seguro. Ya no le tengo pánico.

Algunas preguntas clave:

¿Qué ha aprendido? ¿Y reaprendido?

¿En qué le ha beneficiado esta experiencia?

¿Cómo le hace sentir?

¿Qué implicaciones tiene esta acción?

Ahora, ¿qué?

Llegado este momento, el cliente tiene ya una imagen clara de lo que ha hecho y del resultado. La experiencia también le ha aportado percepciones y lecciones. Ahora queremos reforzar este aprendizaje haciéndolo extensible a otras áreas de su vida. La forma más sencilla de hacerlo es ayudándole a encontrar otras aplicaciones a dichas percepciones y aprendizajes.

[Continuación de la anterior conversación...]

Coach: Vayamos un poco más allá, si le parece bien. ¿Cómo podría usar lo aprendido, tener un propósito claro y centrarse en unos temas concretos, en otras áreas de su trabajo?

Martín: Nos vendría bien centrarnos más en las reuniones de equipo. Tratamos las cosas sueltas y cuando termina la reunión, te queda la sensación de que has tratado un listado de cosas que no tienen nada que ver la una con la otra.

Coach: ¿Cómo puede preparar estas reuniones de otra manera?

Martín: Pues, me imagino que igual que con la presentación. Tengo que decidir el propósito de la reunión. Si quiero informar, inspirar, equipar, un poco de todo... Ese sería el primer paso, está claro.

Coach: ¿Le gustaría proponérselo como un paso práctico?

Martín: Naturalmente. Pensaré en el propósito o propósitos de nuestra próxima reunión y lo dejaré claro.

Coach: Suena bien. [Pausa.] ¿Le parece que pasemos a revisar los otros pasos prácticos? [O, si este era el único o el último en dar seguimiento, decidamos el objetivo para lo que queda de sesión.] Ahora, durante el tiempo que nos queda de sesión, ¿en qué le gustaría trabajar?

Algunas preguntas:

¿Cómo puede hacer extensible este aprendizaje a otras áreas?

¿En qué otras áreas podría aplicar lo aprendido?

¿De qué otra manera hará las cosas en el futuro?

La historia de Martín es un buen ejemplo de seguimiento cuando los pasos prácticos se han realizado y han ido bien. Ahora veremos cómo realizar el seguimiento cuando no se han hecho los pasos prácticos, o lo que es peor, cuando han ido mal.

Todos necesitamos un pequeño fracaso de cuando en cuando

Fracaso es una palabra cargada de emociones. Siempre acompañada de desánimo. La palabra fracaso contiene cierta dosis de finalidad o completitud. Blanco o negro. Malo o bueno. A mucha gente le da miedo el fracaso, pero ciertos tipos de fracaso en realidad son buenos. He aquí dos razones por las que un pequeño fracaso de cuando en cuando nos hace más fuertes.

El fracaso nos obliga a echar mano de todo nuestro potencial. Algunas personas hacen lo que sea por no fracasar. A primera vista, es comprensible. Sin embargo, si uno se propone solamente lo que es factible, se arriesga a quedarse plantado en la mediocridad. Un pertiguista solo conoce su límite de salto después de hacer caer el listón constantemente. En el deporte, como en el trabajo, solo podemos alcanzar nuestro potencial si forzamos los límites. Los objetivos deben constituir un desafío y eso significa que debemos arriesgarnos al fracaso.

El fracaso también puede conducirnos al aprendizaje. El mejor aprendizaje (o por lo menos, el más memorable) suele derivar del fracaso. Yo soy de Seattle. Allí, durante los últimos veinte años, las empresas de capital riesgo buscan emprendedores de software que estén empezando para financiar sus compañías. Un factor que el capital riesgo busca es el fracaso. ¿Ha fracasado este emprendedor? Si no lo ha hecho, muchas empresas de capital riesgo no querrán financiarlo. Las empresas de capital riesgo saben que todos los emprendedores fracasarán, y que de ese fracaso van a aprender mucho, ¡pero prefieren que hayan fracasado antes con el dinero de otro![25]

> «*El éxito consiste en ir de fracaso en fracaso sin perder el entusiasmo*».
> – *Winston Churchill*

El fracaso se da constantemente en pequeñas y grandes medidas. Fracasar en un paso práctico debe ser considerado como una valiosa experiencia de aprendizaje. Si no se aprende nada, el error se va a volver a repetir; a menudo con unas consecuencias más graves. El seguimiento puede ayudar a la gente a aprender de lo que ha ido mal, y a descubrir y reforzar todo lo que ha ido bien.

Cómo dar seguimiento a los pasos prácticos fallidos o incompletos

Los clientes no siempre completarán del todo los pasos prácticos y no pasa nada. A veces el paso no fue lo suficientemente específico o quizás el coach había impuesto su idea. También pueden haber cambiado las circunstancias del cliente, una crisis u otras exigencias de la vida que lo hayan distraído. O sencillamente que el cliente se haya estrellado.

En coaching, el progreso se mide por lo que el cliente consigue y por lo que aprende. Dar seguimiento a los pasos prácticos fallidos es dar la oportunidad al cliente de estar más concienciado y de aprender, así como de corregir lo que haga falta para la consecución de sus objetivos.

El proceso de seguimiento de los pasos prácticos fallidos o incompletos es similar al patrón del ¿qué? Entonces, ¿qué? Y ahora ¿qué? La clave al dar seguimiento a estos pasos prácticos no es apresurarse a corregir lo que no ha funcionado, sino el tomarse tiempo para revisar el progreso que haya podido darse. Es importante descubrir y reforzar los progresos antes de diagnosticar y determinar lo que no ha funcionado.

Está claro que en primer lugar hay que poner empatía a lo que puede haber sido un resultado decepcionante o desalentador para el cliente; luego hay que ayudarle a ver en qué ha progresado.

Los siguientes pasos son un esquema para ayudar al cliente a procesar un paso práctico fallido o incompleto. No todas las situaciones exigirán este tipo de detalle, pero funciona en el caso de esos pasos prácticos importantes que no han salido como el cliente se esperaba.

1. Diseccionemos el paso práctico para identificar las partes que han ido bien y las que no. Busquemos lo que el cliente ha hecho bien.

2. Reconozcamos todas las acciones, decisiones e ideas que hayan supuesto un avance. No dejemos que el desánimo impida a la persona ver las partes que han ido bien.

3. Capturemos el aprendizaje como se describe en el paso «entonces ¿qué?».

4. Pidamos al cliente que identifique lo que no ha ido bien y reflexione en las causas, así como en las alternativas. Centrémonos en lo que el cliente ha hecho o dejado de hacer, y busquemos los factores que quizás estaban fuera de su control.

5. Averigüemos si el paso práctico sigue siendo relevante y si hay que terminarlo.

6. Revisemos el plan de acción.

Diseccionar el paso práctico

Cada paso práctico de hecho está formado por un montón de pequeños pasos prácticos (pensamientos, decisiones y acciones). Revisitemos el ejemplo de paso práctico del capítulo sobre *concretar*: «salir de la oficina dentro de diez minutos». La mayoría de la gente tomaría la acción de «salir dentro de diez minutos» como un solo paso práctico. Sin embargo, como ya vimos, hicieron falta dieciséis pequeños pasos prácticos para poder salir del piso 11 de la Biblioteca Nacional de Singapur. Los pasos fueron los siguientes:

1. Echar la silla hacia atrás
2. Levantarse
3. Apagar el ordenador
4. Atravesar la biblioteca
5. Girar varias veces por los pasillos de estanterías
6. Abrir la primera serie de puertas
7. Dejar que seguridad inspeccione el maletín
8. Ir al ascensor
9. Apretar el botón
10. Esperar el ascensor
11. Subirse al ascensor
12. Apretar el botón de la planta baja
13. Salir del ascensor
14. Atravesar el vestíbulo
15. Abrir la puerta
16. Salir del edificio

Hay que dar dieciséis pequeños pasos prácticos tan solo para salir del edificio. Imaginemos ahora que el ascensor se para entre dos pisos. Me quedo atrapado y se me acaba el tiempo. No consigo realizar el paso práctico. Si el criterio de valoración es pasar o fallar, o todo o nada, entonces todo el empeño por este paso práctico ha sido un fracaso. En cambio, si el criterio de valoración es *cualquier avance hacia la meta*, entonces he conseguido mucho: doce de los dieciséis minipasos prácticos. Quizás el resultado general no sea el que me esperaba, pero todos esos pequeños pasos me han acercado al objetivo.

Reforzar estas pequeñas acciones le da al cliente un impulso muy fuerte. De otra manera, con el desencanto de no haber logrado el objetivo por completo, puede acabar «tirando al bebé con el agua sucia», sin tener en cuenta sus avances. Cuando damos seguimiento a los pasos prácticos, no pasemos por alto los avances; sean en forma de pensamiento, decisión o acción.

Reforcemos todos los comportamientos que representen un progreso y generemos aprendizaje de lo que ha funcionado y de lo que no.

Veamos el proceso de disección de un paso práctico.

El diálogo siguiente ilustra el seguimiento de un coach a Daniel en su búsqueda de un trabajo nuevo, cuando este llega desanimado porque piensa que no ha conseguido nada durante la semana. Fijémonos en cómo el coach sondea los minipasos y luego puede enumerar los progresos de este desanimado cliente.

Coach: ¿Qué progresos ha hecho con el paso práctico?

Daniel: Esta semana no he hecho nada.

Coach: ¿Nada de nada?

Daniel: Nada.

Coach: Iba a enviar el currículum. ¿Cómo le ha ido?

Daniel: Pues, lo envié a dos personas, pero luego llamé y no podían recibirme hasta la semana siguiente.

Coach: A ver, un momento. ¿Envió el currículum a dos personas y les pidió una entrevista? ¡Es increíble! Con lo difícil que le resultaba llamar... Ha hecho un gran trabajo.

Daniel: Bueno, supongo que algo es algo.

Coach: ¡Y tanto! ¿Qué más?

Daniel: Me pasé un par de horas en fórums de búsqueda de trabajo online. Y también pregunté a una amiga que trabaja en Microsoft, pero no había nada en su departamento.

Coach: Tengo que reconocer que se ha esforzado mucho a pesar de que algunos resultados sean desalentadores.

Daniel: Gracias.

Coach: Ya lleva un par de meses buscando trabajo. ¿Qué observaciones haría sobre el proceso de búsqueda de un trabajo?

Daniel: Pienso que llamar por teléfono después de haber enviado el currículum es importante. Si me hubiera limitado a enviarlo, ni siquiera me habrían llamado. También he visto que no me tengo que limitar al sector en que me estaba moviendo. Tengo que lanzar las redes más lejos.

Coach: Creo que son observaciones muy útiles: buscar siempre el contacto personal y ampliar el ámbito de la búsqueda. [Pausa.] Bien, y ¿a qué le gustaría dedicar el resto de nuestra conversación?

[A partir de este momento, el coach y el cliente deciden el objetivo del resto de la conversación de coaching.]

El coach sacó a relucir las acciones emprendidas por Daniel y le felicitó por ellas. Daniel no había obtenido todavía el resultado que esperaba, pero los pasos que había dado, con el tiempo, le permitieron encontrar el trabajo que estaba buscando. Aquí hay algunos ejemplos para encomiar de forma genuina los esfuerzos realizados por una persona, aunque no haya conseguido lo que esperaba.

Es evidente que se ha esforzado de una forma tremenda.

Su disposición a probarlo es encomiable. No tiene que haber sido fácil.

Veo que le ha representado un gran esfuerzo, pero ha mostrado coraje y se ha lanzado. Me causa un gran respeto.

En el ejemplo anterior también podemos encontrar el paso de seguimiento «entonces, ¿qué?». Puede servir para la conversación de coaching y los futuros pasos prácticos.

¿Qué ha aprendido de lo que ha hecho?

Si se fija en lo que ha hecho, ¿qué quiere asegurarse de repetir?

Revisar el paso práctico

Hay que crear un nuevo paso práctico revisado, que tenga en cuenta las dificultades anteriores. Se trata de planificar el camino a seguir teniendo en cuenta las percepciones de la experiencia reciente del cliente. Es un proceso de dos pasos. Primero, valorar el empeño del cliente por completar el paso práctico y, segundo, reformar el paso práctico conforme a lo aprendido por el cliente.

Valorar el compromiso del cliente con el paso práctico

Antes de lanzarnos y dar por sentado que el cliente realizará el paso práctico en las siguientes semanas, parémonos a preguntar si ese paso sigue siendo relevante.

Hay toda una serie de razones por las que un paso práctico puede dejar de ser necesario. Las circunstancias pueden haber cambiado, puede que la consecución de otros pasos ya haya cubierto la necesidad original o quizás haya nuevas percepciones que den al cliente un nuevo acercamiento al problema. Ocasionalmente, el cliente decidirá un paso práctico y más tarde se dará cuenta de que no es una prioridad.

La manera más sencilla de valorar el compromiso continuado del cliente con un paso práctico es preguntárselo. Probemos con una de estas preguntas:

¿Qué importancia tiene para usted dar este paso práctico?

¿Qué relevancia tiene este paso para usted?

¿De qué manera le acercará a su objetivo la consecución de este paso?

Valorar el compromiso con el paso práctico da al cliente la oportunidad de conectarse con su motivación original cuando lo creó. No es raro escuchar respuestas como: «¡Tengo que hacerlo!» o «No tengo elección. De verdad. Es esencial para el proyecto». La mayoría de las veces, el cliente quiere continuar con el paso práctico.

Habrá veces en que decida que completar ese paso es necesario. Aunque con variaciones, las tres principales razones para no continuar con un paso práctico son: uno o más de los otros pasos han satisfecho la intención del paso incompleto; las circunstancias han cambiado y ahora es irrelevante; o el cliente no tenía claro desde un principio su empeño por concretarlo.

Si el cliente no quiere continuar con el paso práctico, pasemos a procesar los otros pasos y luego a determinar el objetivo de lo que queda de conversación de coaching ese día.

Si el cliente se compromete a realizar dicho paso, continuemos y tengamos una breve conversación sobre cómo reformarlo de manera que sea más relevante.

Reformar el paso práctico

Durante la conversación de coaching previa, el cliente ha creado un paso práctico, ha intentado realizarlo y luego ha procesado el intento con el coach. Basándonos en la experiencia y las percepciones del cliente, y en que sigue comprometido a realizarlo, hemos de ayudarle a crear un plan para que pueda hacerlo. Eso implicará ciertas modificaciones.

Hagamos esta pregunta clave:

¿De qué manera se podría modificar el paso práctico?

A partir de aquí, la conversación es similar al proceso de elaboración de nuevos pasos prácticos. ¿Es lo suficientemente acertado (MARTE)? Solucionemos los problemas basándonos en la información y el aprendizaje que ha surgido antes al comentar el «¿qué?». Y «entonces, ¿qué?». He aquí algunas preguntas más que nos pueden ser útiles:

Demasiado grande:

¿Sería bueno dividir el paso práctico en unos cuantos pequeños?

Demasiado pequeño:

¿Cómo podríamos cambiar el paso práctico de manera que le resulte más desafiante?

Fuera del control del cliente:

¿Qué parte está en condiciones de hacer? ¿Dónde puede encontrar ayuda para el resto?

«La vida» se ha puesto de por medio:

¿Qué puede hacer para incluir este paso práctico en su ocupada agenda?

¿Le iría bien conversar sobre las tensiones que le está provocando su horario?

Una vez procesado y revisado el paso práctico, el cliente está más preparado para completarlo. Nuestra atención al seguimiento le representará más posibilidades de éxito al cliente. El propósito del coaching es ayudar a las personas a salir adelante en las tareas y áreas de responsabilidad que Dios les ha encomendado.

Pasar al resultado de la conversación

Durante una conversación de coaching intencional, conectarse charlando y siguiendo los pasos prácticos suele costar tan solo unos pocos minutos. A veces puede ser tentador hacerlo durar más, ya que surgen temas muy interesantes.

Hasta ese momento hemos estado repasando el pasado, averiguando cómo está el cliente y dando seguimiento a los pasos prácticos. Ahora llega el momento de centrarse en el futuro y preguntar al cliente sobre el objetivo. Este enfoque nos posibilita a los dos cambiar de conversación y ver en qué quiere trabajar el cliente este día.

Tras dar seguimiento a los pasos prácticos, hagamos una pausa para recapitular y entonces preguntemos por el objetivo:

> ¡Ha progresado mucho en los pasos prácticos! Sigamos avanzando, ¿qué resultado le gustaría obtener de la conversación de hoy?

> Es genial cómo ha podido hacer esto y esto... [pausa] ¿A qué le gustaría dedicar el tiempo que nos queda hoy?

> Si quiere podemos seguir hablando de esto, pero paremos un momento para aclarar en qué le gustaría trabajar hoy.

Son ejemplos de transición para pasar de la revisión de los pasos prácticos a la conversación sobre el futuro. A partir de ahí, hay que seguir el proceso explicado en el capítulo sobre el *objetivo* para determinar las prioridades del cliente en la conversación.

Conclusión

Si se hace bien, el seguimiento es una de las partes más productivas de la conversación de coaching. Mucha gente aprende las cosas haciéndolas. Pedirles que reflexionen en lo que han hecho y en lo que han aprendido puede generar más percepciones y descubrimientos que los experimentados en la fase de *ampliar* de la conversación.

El seguimiento de los pasos prácticos es una manera natural de rendir cuentas que motiva a las personas a esforzarse más de lo que hubieran hecho por sí mismas. Empezar por la pregunta «¿qué progresos ha hecho con los pasos prácticos?» es una manera positiva de empezar. El cliente puede celebrar los logros y al mismo tiempo ser escuchado con empatía.

Buscar el aprendizaje en la experiencia del cliente, hayan ido las cosas como se esperaba o no, le hace pasar de la acción al aprendizaje y la reflexión. Los pasos prácticos incompletos o fallidos son una oportunidad para que el coach reconozca los avances del cliente y para que este aprenda de su experiencia. Preguntar al cliente sobre la importancia de completar los pasos prácticos nos sirve de indicador respecto de su empeño en sacar adelante ese paso práctico en concreto. Si es necesario, hay que revisar los pasos prácticos.

Una vez que se haya dado seguimiento a los pasos prácticos, hay que pasar al objetivo y preguntar al cliente cómo quiere usar lo que queda de conversación.

Ejercer el coaching

«Unos de los pasos prácticos más importantes que puede dar un coach es sencillamente mantener a la gente en marcha, aunque al principio no les vaya bien».
— Robert Hargrove

No ser «coach» sino ejercer el coaching

La palabra «coach» es sustantivo y verbo a la vez en inglés. (En español solo se utiliza como sustantivo. En su defecto se puede utilizar «ejercer el coaching», por ejemplo.) Ser coach (sustantivo) es tener un cargo, un rol o un título de coach. Algunas personas buscan acreditaciones y títulos, pensando que una vez adquiridos, ya estarán preparadas para ejercer el coaching. La formación de coaching profesional es tremendamente beneficiosa, pero el coaching no es cosa de certificados, sino de ayudar a otras personas.

¡Limitémonos a ejercer el coaching con la gente! En las conversaciones normales y corrientes, sepamos escuchar. Seamos curiosos, aunque pensemos que ya «sabemos». Hagamos preguntas. Preguntemos por las ideas de los demás antes de lanzarnos a dar las nuestras. Terminemos las conversaciones o las reuniones preguntando: «¿Qué se podría hacer para avanzar en este tema?».

Los encuentros periódicos son de mucha ayuda, al margen del dominio que podamos tener de las aptitudes de coaching. No se preocupen si no pueden usar *El modelo COACH* completo en todas las conversaciones. Usen la parte que le sea útil a esa persona y en esa conversación.

Ofrecerse para el coaching

La mejor manera de empezar a ejercer coaching es en cualquier conversación. Solo hay que empezar. No hay que tener una relación formal para ser de ayuda.

Lo siguiente serían las relaciones de uno a uno que ya tenemos. Si ya se están reuniendo periódicamente en una relación de discipulado o «mentoría», pueden reorganizar el tiempo por medio de las herramientas de coaching que han aprendido. Escuchen y hagan más preguntas que ayuden a la persona a reflexionar en profundidad. Resérvense sus propias experiencias y consejos y traten de sacárselas a los demás. Pidan a la persona con quien se encuentran que cree un par de pasos prácticos. Que sea una cosa natural. No tienen que explicarles necesariamente lo que están haciendo. Experimentar una conversación de coaching es mucho mejor que escuchar cómo te la explican.

Ofrézcanse a la gente. Algunas personas, al saber lo que hago, me piden que lo haga con ellas. Pero en la mayoría de los casos, soy yo quien me ofrezco.

Si no se ofrecen, la gente puede pensar que están demasiado ocupados como para empezar con ellos. O quizás no sepan lo que es el coaching o lo muy útil que les puede resultar en su situación. Si están disponibles, entonces ¡ofrézcanse!

La siguiente es la manera en que puedo ofrecer el coaching a una persona con quien he tenido una conversación casual: Después de que Juan me contara una dificultad, le dije:

—Vaya, lo que cuenta me parece un desafío tremendo. No sé si le vendría bien algo de ayuda...

—¿Qué tipo de ayuda?

—Me suelo encontrar con gente una hora por semana más o menos para lo que llamamos «conversaciones de coaching». Les ayudo a tener una comprensión clara de su situación y a progresar por medio de pasos prácticos.

Juan me contestó:

—No estoy seguro de lo que tengo que hacer con este problema.

—Sería un placer ayudarle. ¿Quiere que quedemos una mañana de esta semana? Quedamos y luego decide si quiere continuar. Es su decisión.

—¿Cuánto vale? —me preguntó.

—Me invita a un café y será un placer ayudarle.

Ofrecerse para el coaching es tan fácil como hacerle saber a la gente que estamos dispuestos a tener una conversación con ellos. Una vez que se ha adquirido cierta experiencia, se corre la voz y entonces son las personas las que acuden al coach. Pero no esperemos a que nos lo pidan, ofrezcámoslo.

Cuando el coach tiene autoridad

Dada la naturaleza no directiva del coaching, puede resultar complicado aplicar estos conceptos y aptitudes cuando tenemos autoridad sobre la otra persona; este sería el caso de un supervisor o padre.

Gran parte del problema radica en nuestro concepto equivocado de que la autoridad exige o nos da el derecho a ser directivos. A pesar de todo este discurso de líderes siervos que capacitan a otros, nuestra sociedad sigue tendiendo a mandar y controlar por defecto en lo que al liderazgo concierne. Damos a alguien un cargo con un poco de autoridad y en seguida cambia su estilo de liderazgo para pasar a mandar y controlar. El viejo dicho «el poder corrompe» parece quedar reflejado en nuestros intentos diarios por ejercer el coaching en situaciones en las que nos sentimos con autoridad. Pero no tiene por qué ser así.

Para que una organización crezca de verdad, debemos alcanzar los objetivos organizacionales y desarrollar la capacidad de las personas. Los supervisores que gestionan el día a día de los empleados pueden alcanzar el primer objetivo, pero no el segundo. Un supervisor eficaz intenta alcanzar los dos objetivos simultáneamente; los objetivos de la organización y el desarrollo de sus empleados. Lo mismo ocurre con los padres. Queremos que nuestros hijos saquen buenas notas y a la vez desarrollar su carácter, la disciplina y los hábitos de estudio. No es una cosa o la otra; son ambas.

En una relación de autoridad, se puede negociar y ganar la libertad de gestionarse a uno mismo. Es justo en este ámbito de libertad donde podemos tener conversaciones de coaching. Un supervisor que desee utilizar más a menudo el coaching como estilo de liderazgo, tiene que contemplar este margen de libertad.

Cuando pienso en los supervisores que a mí más me han gustado, recuerdo que cada uno de ellos dejó claras las expectativas y utilizó un enfoque de coaching conmigo. Sus expectativas estrechaban el campo para que yo entendiera qué áreas del proyecto estaban sensibles a mis ideas, cambios e innovaciones y cuándo tenía que limitarme a seguir instrucciones.

Cuando ejercemos el coaching con personas bajo nuestra autoridad, es importante dejar claro el margen de libertad del subordinado (un empleado o un hijo) para decidir, planificar y actuar por su cuenta. El coaching suele darse dentro de estos márgenes de libertad. El primer paso es acordar unas expectativas claras.

Estos márgenes de libertad se pueden expandir a medida que la persona sea capaz y esté dispuesta, de modo que pueda aportar más cosas, dejar salir su creatividad y hacer suyo el trabajo.

Para ilustrar mejor cómo funciona esta dinámica, dividamos un proyecto en cuatro partes genéricas:

1. Objetivos: el propósito, las metas y los resultados de un proyecto.
2. Estrategias: los planes más amplios para llegar a los objetivos.
3. Métodos: las maneras específicas en que las estrategias se llevarán a cabo.
4. Tareas: el trabajo del día a día.

¿En cuáles de estas cuatro partes tiene el subordinado libertad de decidir y actuar? Por ejemplo, imaginemos una organización misionera que busca subvención para sus miembros. El objetivo es que cada miembro disponga de plena financiación. La estrategia es que cada miembro tiene la responsabilidad de encontrar dicha financiación a través de su propia red de amistades e iglesias. Los métodos y las tareas quizás sean decisión de los individuos. En este caso, una serie de conversaciones de coaching se pueden centrar en torno a los métodos y las tareas cotidianas que el miembro va a usar para levantar los fondos que necesita.

¿Qué pasa si un miembro cuestiona la estrategia? Quizás a esa persona le gustaría empezar un negocio como parte de su estrategia de financiación. ¿Puede hacerlo? Si su supervisor o la organización están dispuestos a negociar la estrategia, entonces se puede convertir en un tema de coaching. Si no lo están, deben comunicárselo claramente a la persona para no alimentar falsas esperanzas. Entonces el coaching se limitaría a cómo seguir la estrategia aprobada, es decir, encontrar financiación.

Lo mismo ocurre en una situación parental. Que un chico de quince años tenga que ir al instituto no es discutible, sin embargo sí lo puede ser de qué manera puede ir: en autobús, caminando, con un amigo, etc. Hay que dejar claros los límites y ejercer el coaching dentro de los mismos. Fuera de estos, quizás tengamos que ser más directivos.

Otra diferencia del coaching cuando tenemos autoridad sobre el cliente es que los temas de coaching son más limitados. Si se trata de una relación laboral, los temas de las conversaciones de coaching girarán de manera natural en torno al trabajo. No esperemos que un empleado nos hable acerca de su matrimonio, sus hijos y sus sueños en la vida. Nuestra autoridad sobre esa persona le impedirá sentirse cómoda para hablar con nosotros de esas cosas. El coaching sobre estos temas será mejor que lo haga otra persona

Coaching al momento

Las conversaciones cotidianas son una manera natural de utilizar las técnicas del coaching. La gente está buscando ayuda para sus problemas y objetivos constantemente, por eso sale el tema en las conversaciones casuales. Podemos entablar una conversación «clandestina» de coaching para ayudarles a reflexionar e incluso decidir algunos pasos prácticos. Aunque no usemos *El modelo COACH*, podemos ser útiles y llegar tan lejos como la persona nos lo permita.

Déjenme darles un ejemplo de cómo una madre se vale de las aptitudes del coaching en una conversación con su hijo adolescente:

Adolescente: ¡Estoy muy estresado!

Madre: ¿Qué pasa, pues?

Adolescente: Pues que el viernes tengo que entregar un trabajo de historia. (Estamos a miércoles.)

Madre: ¿De qué es? (En lugar de reprenderle preguntando desde cuándo lo tenía y por qué lo ha dejado para última hora.)

Adolescente: Es sobre la Constitución de EE.UU., y el hecho de que cuando se escribió era única pero también se basó en otros documentos.

Madre: ¿Y cómo te va?

Adolescente: Todavía me falta mucho.

Madre: ¿Y qué plan tienes para terminarlo? (De nuevo, resistiendo la tentación de sermonearlo por no haber empezado antes.)

Adolescente: Ya he recopilado casi toda la información, pero no puedo empezar a escribir.

Madre: ¿Qué te lo impide?

Adolescente: No sé muy bien por dónde empezar.

Madre: Imagínate que es una película. ¿Cómo contarías la historia de la constitución?

Adolescente: Pues, empezaría explicando la situación antes de que se escribiera, poniendo de relieve las libertades y la falta de ellas entre los colonos. Supongo que podría intentar contrastar las libertades con las de otros documentos existentes como la Carta Magna.

Madre: ¡Genial! ¿Y después?

Adolescente: Podría terminar con las peculiaridades de la constitución y dar ejemplos de lo que ciertos artículos han representado para la gente de Estados Unidos.

Madre: ¡A mí me parece un esquema genial para un trabajo de historia!

Adolescente: Ya, será mejor que me ponga a escribirlo.

Madre: Si necesitas ayuda, ya lo sabes.

Adolescente: Gracias mamá.

Imaginemos lo distinta que hubiera sido esta conversación si la madre desde el primer momento hubiera amonestado al hijo por haber dejado el trabajo para última hora. Habría desembocado en una pelea. El adolescente se hubiera encerrado en su habitación, enfadado y con menos probabilidades de tener terminado el trabajo a tiempo.

En cambio, al mantener esa conversación, la madre se da cuenta de que en realidad ya ha estado investigando. También identifica en qué parte del proceso se ha quedado atascado y le ayuda a encontrar una solución basada en sus propias ideas.

¿Ha empezado preguntando por «el resultado que esperaba obtener de la conversación»? No. El resultado que el hijo esperaba estaba claro. Le ha ayudado a resolver el problema y a pensar en el siguiente paso. Si se vuelve a quedar atascado, es muy probable que vuelva a acudir a ella porque le ha ayudado a avanzar. Ese es el resultado que queremos, personas capaces y responsables que avanzan.

Coaching más allá de las fronteras

Quizás les sorprenda escuchar que el coaching opera bien, y hay quien dice mejor, por teléfono que en persona. Según un estudio, el cuarenta y siete por ciento de los coaches profesionales ejercen mayormente por teléfono o a través de servicios audiovisuales por internet, como Skype.[26] Esto significa que cualquier persona del mundo puede obtener ayuda a través del coaching y que si disponemos de un teléfono o de Skype, podemos mantener una relación de coaching con alguien esté donde esté.

Un pastor de una iglesia local quiso poner a prueba esta afirmación practicando el coaching a distancia y tuvo mucho éxito. La historia es esta.

Cada año, la Primera Iglesia Bautista envía a dos interinos a India a servir durante seis meses en un ministerio asociado. Los dos ministerios llevan muchos años de colaboración. Estos interinos, antes de irse a India, tienen que pasar por una formación intensiva. Pablo Santiago, pastor de esa iglesia, nos cuenta: «A pesar de la formación, nunca sabía cómo les iba a ir a los interinos. A algunos les iba bien, pero otros se veían abrumados por las necesidades e incapaces de sobreponerse al choque cultural. Como pastor de misiones, quería ayudar, pero me sentía limitado por la distancia. Estoy a casi diez mil kilómetros. De vez en cuando llamaba para animarles, pero no parecía servir de mucho.

»Todo cambió cuando aprendí a ejercer de coach...» continúa el pastor Pablo. Empezó a tener conversaciones de coaching cada semana con los interinos por medio del servicio gratuito online de Skype. «El año pasado mantuve conversaciones periódicas con los interinos. Descubrí que así las cosas pequeñas no se hacían grandes. En general, la experiencia de los interinos fue mucho más fructífera. Estuve totalmente involucrado con ellos todo el tiempo, a pesar de hallarme a casi diez mil kilómetros de distancia. Cuando regresaron a casa y a la iglesia, yo ya conocía muchos de los detalles de su valiosa experiencia. A su regreso he seguido siendo el coach de muchos de ellos».

¿Quién piensan que podría beneficiarse de su ayuda? Olvidémonos de la distancia y de las fronteras. Con el teléfono y el computador se puede mantener una relación de coaching con un estudiante que esté en la universidad, con un pariente de otra ciudad, con un compañero de otra oficina o con un vecino del pueblo, si no hay otra manera de hacerlo.

Pasos siguientes

«*Nada cambia sin una transformación personal*».
— W. Edwards Deming

Ahora que disponemos de un modelo de coaching y de unas cuantas técnicas, ¿cómo podemos *seguir creciendo*?

El coaching como conjunto de aptitudes ha ido creciendo hasta convertirse en un proceso de ayuda bien desarrollado con sus conceptos, técnicas, expectativas y resultados. Quienes desean crecer en su capacidad para el coaching ahora disponen de muchos recursos. Estos son algunos de ellos.

Aprender de libros

Cuando me tomé en serio lo de aprender coaching, acudí a los libros. Durante tres años estuve leyendo obras y poniendo en práctica lo aprendido. Me centré en aprender a escuchar y luego empecé a hacer preguntas abiertas en lugar de esperar un sí o no por respuesta. Para las conversaciones, usaba un modelo sencillo que me ayudaba a concentrarme en la reflexión y el descubrimiento antes de pasar a los pasos prácticos. Con el tiempo, desarrollé *El modelo COACH* y es lo que usaba.

Progresé lentamente, pero vi el fruto de mis esfuerzos. Los jóvenes indonesios con quienes trabajaba adquirieron mayor conciencia de su carácter y del enfoque de su ministerio. Me sorprendieron al poner en práctica todo ello por medio de ideas que a mí jamás se me hubieran ocurrido.

No todo era prometedor. Seguía con el hábito de precipitarme a dar ideas y consejos. Pero al irme disciplinando para escuchar, hacer preguntas y permitir que mis colegas indonesios tomaran sus propias decisiones, vi cómo crecían en cuanto a confianza y juicio. Se estaban desarrollando como líderes. Ni les decía ni les enseñaba lo que tenían que hacer, se lo sonsacaba a través de preguntas potentes dejando que fuera el Espíritu Santo y no yo quien los guiara.

Al cabo de unos años de practicar el coaching de esa manera, mi esposa y yo recibimos un donativo muy grande y lo invertimos en un curso profesional de coaching. Aprendimos mucho y también consolidamos lo que ya estábamos practicando.

Lo que vengo a decir es que no descarten lo que pueden aprender a través de un libro como este. Vayan y creen sus propios planes de acción siguiendo las instrucciones de este libro. Pongan en práctica lo que han leído y verán los resultados.

Desarrollar esquemas mentales

La capacidad del coach empieza por sus propios esquemas mentales. ¿Qué tipo de coach queremos *ser*? Prestemos atención y tomemos en consideración los siguientes esquemas mentales.

- Esperar que el Espíritu Santo nos enseñe y recuerde.
- Pasar de resolver problemas a descubrir soluciones.
- Dar más valor a las ideas y soluciones del cliente que a las propias.

Cuando entablemos conversaciones de coaching, seamos conscientes de lo que ocurre *en nuestro interior*. Justo después de cada conversación, dediquemos unos minutos a reflexionar en las siguientes cuestiones.

Durante la conversación de coaching,

- ¿En qué pensaba?
- ¿Cómo me sentía?
- ¿En qué momento me he distraído o no estaba del todo presente en la conversación? ¿A qué se ha debido?
- ¿Qué podría hacer distinto la próxima vez?

Es mejor aun si otra persona nos puede hacer estas preguntas. Es muy útil encontrarse con alguien que quiera mejorar sus aptitudes para el coaching y esté dispuesto a comentarlas.

Formación adicional

En el ministerio hay muchas personas que se denominan a sí mismas «coach» o que describen su función de ministerio como «coaching». La gente va a leer y oír hablar cada vez más sobre el coaching y nos preguntarán «dónde hemos recibido nuestra formación de coaching». El coaching se ha convertido en un conjunto concreto de aptitudes y ha adoptado unas características únicas que producen resultados eficaces. La formación sobre esta materia que respete ciertos criterios profesionales puede beneficiar mucho a las personas con cargos directivos.

Para hacer un trabajo excelente, como todo en la vida, hay que estudiar y practicar. Para aprender a ejercer bien el coaching hay que contar con un coach experimentado y practicar el arte y las aptitudes del coaching con esa persona. Este es el motivo de la formación especializada en coaching; una formación que debe consistir al menos de cuatro amplios componentes:

1. Formación específica en las técnicas troncales del coaching.
2. Aprendizaje de adultos y otros esquemas mentales de capacitación.
3. Experiencia como cliente.
4. Ejercer el coaching con otros y recibir feedback.

Hay numerosos seminarios relacionados con el coaching. Muchos no lo usan en el mismo sentido que lo hace este libro. Algunos seminarios utilizan el término «coach» con un sentido muy amplio, refiriéndose a cualquier tipo de ayuda personalizada. Lo más común es que el seminario se especialice en función de quién va a recibir el coaching, por ejemplo, estudiantes, nuevos creyentes, misioneros o pastores. La capacitación prepara a los participantes para ayudar a este tipo de personas y es una asistencia que suele darse en formato de curso o enseñanza más que en formato de coaching.

Hay también otro tipo de formación centrada en el uso de una herramienta, proceso o evaluación específicas. En estos casos, el enfoque consiste en interpretar o procesar la herramienta o test; como por ejemplo, el Strengths Finder o el DiSC. A este procedimiento lo denominan «coaching», pero lo que se aprende en el seminario es a interpretar los resultados del test. Cuando ya se sabe ejercer bien el coaching, el uso de estas herramientas puede beneficiar a los clientes.

La capacitación especializada de coaches se centra específicamente en unas aptitudes y unos esquemas mentales no directivos. Muchas organizaciones ofrecen este tipo de formación, cada una con su perspectiva propia, pero con unas aptitudes básicas de coaching similares. La formación de coaching que he desarrollado se aplica teniendo en cuenta la visión cristiana del mundo, así como los entornos ministeriales. Hay otras organizaciones cristianas que preparan a la gente para empezar su propio negocio de coaching cristiano, mientras que las organizaciones seculares enseñan el coaching desde la óptica sicológica o de la autoayuda; o incluso desde la perspectiva de la Nueva Era. Es importante entender la visión del mundo de la organización, así como el entorno en que vamos a estar ejerciendo el coaching.

Mi organización ha capacitado a miles de personas para ejercer el coaching en entornos ministeriales. Por experiencia, algunos talleres de tres días, o más, dan a los coaches en potencia la práctica e instrucción necesarias para alcanzar la eficacia que desean como coaches. Nuestro programa más popular entre los líderes cristianos es el Curso Certificado de Técnicas Fundamentales de Coaching en español.[27] Con un enfoque cristiano y los principios de este libro, el programa da a los líderes cristianos un alto nivel de profesionalidad conforme a los criterios del coaching.

A diferencia de otros entornos en el mercado, en nuestros talleres, los temas sobre la fe y el ministerio son bienvenidos. No hay necesidad de esconderse ni de pasar de puntillas por los aspectos más profundos de la vida. Animamos a los participantes a integrarse a todos los niveles: espiritualidad, carácter, familia, profesión, cultura, comunidad, etc. Naturalmente, las técnicas de coaching que enseñamos son perfectamente compatibles y no ofensivas en absoluto con aquellos que no son cristianos.

Preparados, listos, ya

«No puedo hacerlo». Esa es la respuesta que suelo obtener de las personas que asisten a un taller de coaching de un día.

«No sé hacer buenas preguntas». Esta es la respuesta que obtengo de las personas que asisten a un curso de coaching de tres días.

«¿Quién va a querer que le haga de coach?». Esta es la respuesta que me dan las personas que asisten a un curso de coaching de siete días.

¿Se dan cuenta del patrón? Por mucha capacitación que uno reciba, cuando hacemos algo nuevo, raras veces nos sentimos preparados, seguros y calificados.

Moisés se sintió igual. Se pasó cuarenta años cuidando ovejas en el desierto cuando Dios le pidió que sacara a Israel de la cautividad en Egipto. Leamos su conversación:

«Señor, yo nunca me he distinguido por mi facilidad de palabra», objetó Moisés. «Y esto no es algo que haya comenzado ayer ni anteayer, ni hoy que te diriges a este servidor tuyo. Francamente, me cuesta mucho trabajo hablar». «¿Y quién le puso la boca al hombre?», le respondió el Señor. «¿Acaso no soy yo, el Señor, quien lo hace sordo o mudo, quien le da la vista o se la quita?».[28]

Volviendo a Juan 14.21, el Espíritu Santo nos enseñará y recordará. Nuestra parte es disciplinarnos en la práctica de las técnicas que estamos aprendiendo. Hay muchas maneras de empezar a practicar el coaching con otros. Todas ellas implican salir de nuestra zona de seguridad y hacerlo. Hay que tener fe.

No esperen dominar el coaching desde un buen principio. Requiere tiempo y trabajo arduo. Sí que *resultarán* útiles a las personas, sin embargo; más de lo que son ahora y eso dará sus frutos en las vidas de las personas con quienes se relacionen.

Notas

1. Más información en: Keith E. Webb, "Cross-Cultural Coaching," en Denise Wright, et al., *Coaching in Asia: The First Decade* (Singapore: Candid Creation Publishing, 2010).

2. No estoy solo en esto. Cuando las personas aprenden cosas, suelen poder hablar de estas mucho antes de empezar a hacerlas. Peter Senge, *The Fifth Discipline: The Art and Practice of The Learning Organization* (Nueva York: Currency Doubleday, 1990), p. 377.

3. Los cristianos tienen esta ventaja. Sin embargo, no es necesario hacer referencia explícita a Dios para reflexionar en el llamamiento. Se puede llegar a casi lo mismo con el lenguaje cotidiano. «¿Cuál piensa que es su vocación en la vida?». «¿Qué potencial tiene todavía por desplegar?». Naturalmente, sin la perspectiva de Dios, las respuestas son incompletas.

4. Richard Foster, *Celebration of Discipline: The Path to Spiritual Growth* (Nueva York: HarperCollins, 1988), p. 185 [*Celebración de la disciplina: hacia una vida espiritual más profunda* (Miami, FL: Peniel, 2009)].

5. Keith R. Anderson y Randy D. Reese, *Spiritual Mentoring: A Guide for Seeking and Giving Direction* (Downers Grove, IL: InterVarsity Press, 1999), p. 21.

6. Chris Argyris y Donald Schon, *Organizational Learning: A Theory of Action Perspective* (Reading, MA: Addison-Wesley, 1978).

7 Steven R. Covey, *The 7 Habits of Highly Effective People: Powerful Lessons in Personal Change* (Nueva York: Fireside, 1989).

8 Malcom Knowles, et al., *Andragogy in Action: Applying Modern Principles of Adult Education* (San Francisco: Jossey-Bass, 1984), Apéndice D.

9 Poner en Google las palabras «snow on car commercial" para encontrarlo.

10 Lyle E. Schaller, *The interventionist. Un marco conceptual y preguntas para consultores de iglesias, ministros interinos intencionales, abanderados de la iglesia, pastores que se plantean un nuevo llamamiento, ejecutivos denominacionales, el pastor recién llegado, asesores y otros intervencionistas intencionales de la vida congregacional.* (Nashville, TN: Abingdon Press, 1997), p. 15.

11 Ibíd., p. 15.

12 Jane Vella, *Learning to Listen Learning to Teach: The Power of Dialogue in Educating Adults* (San Francisco: Jossey Bass, 1994), p. 73.

13 Peter Block, *The Answer to How Is Yes: Acting on What Matters* (San Francisco: Berrett-Koehler, 2002), prefacio.

14 De hecho yo jamás he preguntado WWJD (siglas correspondientes en español a «¿Qué haría Jesús?»). He añadido esta pregunta a la lista para hacer sonreír a los amigos de mi pastor de jóvenes.

15 John Whitmore, *Coaching For Performance: Growing People, Performance and Purpose* (3a ed.) (Lóndres: Nicholas Berkley, 2002), p. 139 [*Coaching: el método para mejorar el rendimiento de las personas* (Barcelona: Paidós, 2003)].

16 Burton Watson, *Han Fei Tzu* (Columbia University Press, 1964), citado en Sheh Seow Wah, *Chinese Leadership* (Singapore: Times Editions, 2003), p. 66.

17 Roger vo Oech explora la mentalidad de buscar la «respuesta correcta» y otros impedimentos a la creatividad en *A Whack on the*

Side of the Head: How to Unlock Your Mind for Innovation (Nueva York: Warner Books, 1983).

[18] John Kotter, *Leading Change* (Boston, MA: Harvard Business School Press, 1996) [*Al frente del cambio* (Barcelona: Urano, 2007)].

[19] Una mitad de este libro está escrita en Singapur y la otra en Bellevue, Washington.

[20] George T. Doran, "There's a S.M.A.R.T. Way to Write Management's Goals and Objectives," *Management Review* 70, noviembre 1981), edición 11(AMA FORUM): pp. 35-36.

[21] Este era un paso práctico anterior. Hacer una lista de todas las actividades que tiene una persona y de todas sus relaciones y luego clasificarlas conforme al estrés que comportan. Este ejercicio ayuda al cliente a estar más concienciado y a actuar con más conocimiento de causa.

[22] Jeffrey Schwartz, un siquiatra e investigador de la Facultad de Medicina de UCLA, ha llevado a cabo un estudio fascinante y concluyente sobre la neuroplasticidad autodirigida del cerebro. Un libro práctico y reciente es: Jeffrey M. Schwartz y Rebecca Gladding, *You Are Not Your Brain: The 4-Step Solution for Changing Bad Habits, Ending Unhealthy Thinking, and Taking Control of Your Life* (Nueva York: Avery, 2010).

[23] Se puede encontrar un interesante resumen de estudios en: Richard E. Nisbett, *The Geography of Thought: How Asians and Westerners Think Differently...and Why?* (Nueva York: Free Press, 2003), 53-56, o Aik Kwang Ng, *Why Asians Are Less Creative Than Westerners* (Singapore: Prentice Hall, 2001).

[24] Gary Rolfe, Dawn Freshwater y Melanie Jasper, eds., *Critical Reflection for Nursing and the Helping Professions* (Basingstoke, U.K: Palgrave, 2001).

[25] Thomas L. Friedman, *The Lexus and the Olive Tree: Understanding Globalization* (NY: Anchor Books, 2000), p. 370.

26 *ICF Global Client Coaching Study: Executive Summary* (Lexington, Kentucky: International Coach Federation, April 2009).

27 Más información sobre el programa Curso Certificado de Técnicas Fundamentales de Coaching en español: http://creativeresultsmanagement.com/spanishCORE

28 Éxodo 4.10–11.

Acerca del autor

Dr. Keith E. Webb es *coach* profesional certificado, autor, conferenciante y consultor que se especializa en el desarrollo del liderazgo. Es fundador de Creative Results Management, una organización global de entrenamiento que se enfoca en capacitar a líderes de ministerios. Durante veinte años Keith vivió en Japón, Indonesia y Singapur donde diseñó e implementó programas de desarrollo de liderazgo entre líderes cristianos en más de treinta países. Es autor de *Overcoming Spiritual Barriers in Japan* y coautor de *Coaching in Asia*. Tiene un blog en www.keithwebb.com. Vive cerca de Seattle, Washington, con su esposa y sus dos hijos.

CRM EMPOWERING LEADERS

CRM (Church Resource Ministries) es un movimiento dedicado a desarrollar líderes para fortalecer y multiplicar la iglesia por todo el mundo.

Hay más de cuatrocientos misioneros de CRM que viven y trabajan en zonas urbanas, suburbanas y rurales de todo el planeta. Intentamos vivir los valores primordiales del carácter, las relaciones, la misión y la pasión espiritual en una amplia variedad de barrios y contextos ministeriales. Nuestro trabajo está inspirado tanto en la pasión por la iglesia *tal cual es* como en la visión de la iglesia que *puede llegar a ser*. El espíritu de este proceso es desarrollar a líderes comprometidos con ambas cosas.

El trabajo de CRM por el mundo es diverso y a veces complejo, pero el propósito sigue siendo el mismo: desarrollar líderes para fortalecer y multiplicar la iglesia… *para que el nombre de Dios sea reconocido entre las naciones.*

crmleaders.org

El model COACH™ capacitación

¿Y ahora qué?

¿Está listo para dar el siguiente paso en su capacitación como coach?

Tenemos los contenidos y la experiencia para poderle capacitar en todo aquello que necesita para ser más efectivo ¡Obtenga las habilidades y herramientas que precisa para multiplicar el impacto de su ministerio!

Hágase profesional

Creative Results Management ofrece cursos presenciales de coaching, en línea y por teléfono para que desarrolle su potencial y herramientas como coach.

Toda nuestra capacitación de coaching ha sido supervisada y aprobada por la International Coach Federation, la asociación profesional más grande en el mundo del coaching, y le puede permitir el acceso a la acreditación profesional.

ACSTH
Approved Coach Specific Training Hours
International Coach Federation

Multiplique el impacto de su ministerio

Desde 2005 Creative Results Management ha capacitado a miles de líderes ministeriales en las herramientas para un ministerio más efectivo. Somos una de las más grandes organizaciones cristianas en el mundo enfocadas en la capacitación de coaching. Visite nuestro sitio web.

Creative Results Management
MULTIPLY YOUR MINISTRY IMPACT

CreativeResultsManagement.com/spanishCORE

Nos agradaría recibir noticias suyas.
Por favor, envíe sus comentarios sobre este libro
a la dirección que aparece a continuación.
Muchas gracias.

Vida@zondervan.com
www.editorialvida.com

www.ingramcontent.com/pod-product-compliance
Lightning Source LLC
LaVergne TN
LVHW031630070426
835507LV00025B/3419